日本戰國織豐時代史

胡煒權

上 大樹傾倒

漫長又精彩的百年

「仿如戰國之世」（《後法成寺尚通公記》）
「天下已成戰國矣」（《甲州法度次第》第二十條）

在日本歷史上的個時代中，最有人氣的莫過於戰國．織豐時代。所謂的「戰國．織豐時代」指的是公元十五世紀末到十七世紀初，大約一百二十餘年的歲月。一般人們稱為「戰國時代」的起訖時間在學術上存在不少爭議，本書的書名定為「戰國．織豐時代」是因為「戰國時代」和「織豐時代」是一部分併行的，信長與秀吉統一日本時，各地仍然處於戰亂狀態。

根據日本網站的一個意見調查顯示，這個上百年的戰亂時期最受日本人喜愛！在影視作品裡，如日本大河劇目前五十多個劇目中，便有二十個跟戰國織豐時代有關，各類遊戲也以這個時代為主打題材。

為何戰國時代備受日本國內外人們喜愛？很簡單，因為在這超過百年的戰亂歲月裡，人才英雄輩出，並且遍及日本全國各地。每個人物都富有個性，努力在這個戰爭為常的大環境下，為家族、榮譽、野心和信念而戰，有積極主動的，也有被迫應戰的。這些活生生的血淚史點綴了血腥暴力的年代，為這一百多年的黑暗時期帶來意想不到的光輝。

不過，英雄傳說雖多，當中的故事情節卻一直受到小說、劇集和遊戲的影響，出現諸多說法，哪些是可信的，哪些只是傳說，又有哪些人物、地區其實應該值得關注，卻仍然是寂寂無名？即使現在網路這麼發達，這些問題卻越來越難分辨，越來越難弄明白。

這次作為「武士的歷史」系列的第一套作品，筆者運用自身負笈日本所學的成果，以及從諸學先賢的研究所得，集合成書，以簡單易明的方式將這個讓人著迷的時代重新整理，為受制於日語及茫茫訊息的讀者，提供一個可供參考的資源。這是本書的最大目標。

因此，本書與前作《明智光秀與本能寺之變》的寫法大為不同，重視事件經過，相互關係的整理，省去論證考證，強調述說闡釋，務求讓更多對日本戰國織豐時代歷史感興趣的讀者，能更好地理解，易於閱讀。綜觀目前兩岸三地以戰國史為題材的書籍，本書的重點有三：

（一）所有的記述都以目前的日本研究成果為基礎，再以最簡單的文字整理、呈現出來，相較於網路資訊更加貼近最前線的研究動向。（二）介紹知名人物的故事自是不少，但卻往往忽略了一些地區的發展情況，因此，本書特意在可能的範圍及資料上，拾起這些不為人知的地區，為有興趣知道、但苦無資訊的讀者帶來驚喜。（三）本書以重塑整個時代的發展經過為主，重視同一時期不同地區的發展和互動，為讀者帶來一個不同的閱讀角度，能夠以更宏觀的視野了解戰國每一個時期的情況如何緊緊相扣，互為因果。連同各個家族間看似簡單，其實複雜多樣的恩怨情仇、因果關係都將在本書中一一為大家說明。

胡煒權　二〇一八・五・二十九　東京

日本戰國・織豐時代史（上）

戰國・織豐時代令制國地圖
歡迎掃描後下載

第一章

京畿陰霾

上——破朽

出身幕府「三管領」的畠山家和斯波家因為長期搶奪當家之位而出現鬥爭，使重視勢力均衡的室町幕府出現前所未有的政治危機。在各方拉幫結黨下，終於在文正二年（一四六七，同年九月改元「應仁」）正月，於京都上御靈社（今．京都府京都市上京區）爆發激戰。支持兩方的幕府閣員各自動員，展開了一場長達十年，被後世稱為「應仁文明之亂」的大亂。

隨著這場源於幕府要員政治鬥爭的軍事衝突拖長，戰亂的影響也開始波及京都以外的地區。但是，十年過去後，這場驚天大亂卻在沒有達到任何目的的情況下，不了了之地結束了，留下來的就只有一片狼藉的京都，未被盡除的遺恨，以及威信盡失的室町幕府。

不過，真正為幕府統治敲響喪鐘，為日本各地的戰亂火上加油的，卻是規模極少，但影響力比「應仁文明之亂」大得多的「明應政變」。此事的經過及來龍去脈都要從一位年輕將軍之死開始……。

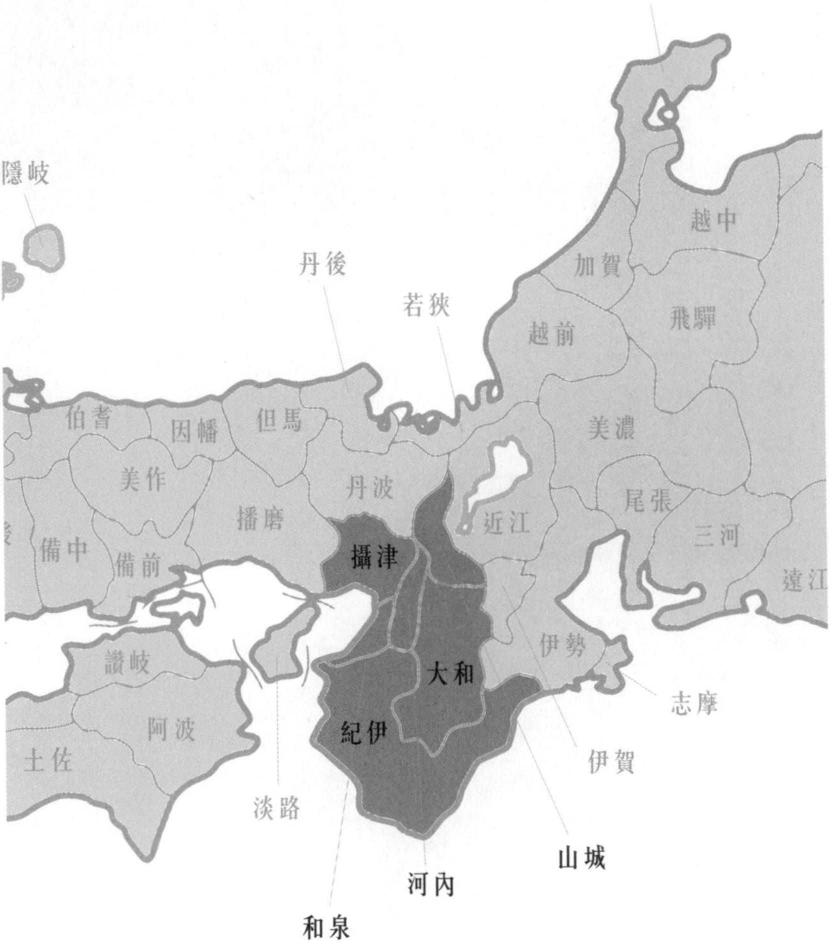
隱岐
越中
加賀
丹後
若狹
越前
飛驒
伯耆
因幡
但馬
美濃
美作
丹波
尾張
播磨
近江
三河
備中
備前
攝津
遠江
伊勢
讚岐
大和
志摩
阿波
紀伊
伊賀
土佐
淡路
山城
河內
和泉

京畿陰霾區域地圖

明應之變

前史：綠髮將軍之死

長享三年（一四八九）三月二十六日．近江國鈎（今．滋賀縣栗東市）。室町幕府第九代將軍．足利義尚（當時已改名「義熙」）年僅二十五歲，卻已經在病床上奄奄一息，於當天下午離開了人世。

這位年輕人在當上將軍後，首次發動威風凜凜的親征，無奈卻成為他唯一及最後一次的出征。值得慶幸同時也十分諷刺的是，他成為唯一一個能夠「死在戰場」的室町幕府將軍。原本已處於風雨飄搖之境的室町幕府在年輕將軍急死下，將迎來無可挽救的混亂和不安。

為什麼會這樣說呢？這還得從兩年多之前，義尚出征時開始說起。長享元年（一四八七）九月十二日正午，義尚率領著一大群人馬從京都出發，朝著東南方的近江國挺進。為了給這位年輕將軍的初征錦上添花，幕府幾乎總動員出擊，就連朝廷貴族中也有不少人隨隊出征，這支聲勢浩大的軍隊就這樣殺進近江國。

義熙出征時，滿目瘡痍的京都才剛剛從應仁文明之亂中，得到一時的喘息機會，飽受兵火破壞的「花之都」除了急待復興外，都民也希望自己不再受戰爭的摧殘。如今，義尚的出征恰恰意味著鎮守京都的幕府，正打算恢復昔日的威信，找回希望及光榮。

話說回來，將軍義尚發兵近江，他的敵人就是近江國南部的守護六角高賴。六角家系出名門，早在鎌倉時代已是武士中的名門，而在室町幕府草創之際，其中興之祖・佐佐木導譽更是功臣之一，是幕府不可或缺的一股勢力。然而，現在情況變了。

自從應仁文明之亂起，幕府分裂成兩派，互相只顧著打倒對方，已經無暇理會其他。於是那些遠離戰事，又想藉機混水摸魚的勢力便伺機而動，其中一個例子是六角高賴的家臣們。他們就是在無法無天的情況下，搶佔了位於六角家領地周圍貴族、寺院的莊園。原本只是這樣的話，倒不是大問題，畢竟他們的老祖宗在南北朝時代也幹過類似的事，可是讓幕府「孰不可忍」的是，連屬於幕府幕臣的知行地（封地）也成為了他們的目標。原本幕府的幕臣就是靠著不算豐厚的封地，為幕府貢獻效勞。如今，領地被奪意味著生命線被截斷，而更重要的是，雖說幕府因為內戰變得衰弱，但六角氏家臣連近在京都咫尺、屬於幕府臣子的領地都敢搶奪，可以說是完全無視幕府的存在。

面對幕臣的哭訴、幕府面子盡失的情況，剛成為將軍的義尚必須作出回應，於是便有了前述的出征。

與其說是出征，在當時更像是一次大型的「做秀」活動。當日聽聞出征軍出發情況的貴族中山親長便在當日的日記裡寫到：「軍兵前仆後繼，實乃難以言語形容之景也！武家兵士多不勝數。」（《親長日記》）

至於是次「出征秀」的主角．將軍義尚又如何呢？當時目擊義尚出征的相國寺鹿苑院僧錄司（負責記錄日常事務的僧侶）便寫到：「大將軍頭戴長烏帽子，額纏白絹子，被金襴細袖，負（弓）矢，（腰）脇太刀，（手）握弓，騎河原毛馬，顧左右而進，路人觀者皆合掌」（《鹿苑日錄》）

另外也有僧侶賦詩歌頌一番。例如後來歷任京都建仁寺、南禪寺住持的月舟壽桂便以下面的詩描繪義尚：「綠髮將軍蓋世功，寨垣草木偃威風，今朝笑向江山說，十歲何顏在賊中」（《幻雲疎稿》）。還有五山文學的代表人物之一橫川景三也寫下名詩：「綠髮將軍細柳營，自從萬騎去東征，城中夜半定天下，照見捷書秋月明」（《補庵京華新集．捷書夜報》）

這就是「綠髮將軍」的由來。「綠」指的是義尚那一把烏黑的長髮，代表著生命力，也象徵著人們對「花之都」回到昔日光彩的期待。

可惜的是，自知理虧的六角高賴，一方面無法讓家臣們把剛得手的肥肉吐出來，一方面又無法抵抗幕府，於是一聽到背負著萬人期待的幕府大軍殺入近江後，便決定早避風芒，逃到南方甲賀郡的山裡躲了起來。這一招對於六角家來說，簡直可以稱得上是「家傳絕招」，我們在後面還是會看到他們重施故技。

另一邊，面對六角家「不戰不降不現身」的消極抵抗，當時正在該國坂本（今．滋賀縣大津市）的義尚意氣風發，根本不以為然，他還認為幕府大軍的軍威之下，六角家上下要不被殺，要不出來投降請罪。這種樂觀態度慢慢地反過來成為義尚的催命符。

後來事態逐漸起了變化，當時陣中傳出流言，說參與戰事的管領細川政元的家臣們與六角家暗通款曲，所以在討擊六角家時，沒有全力進攻，才導致六角家可以逃之夭夭。

流言甚囂塵上，這可是大事，要知道那個時代，流言本身就是證據。雖然如此，但由於細川家是幕府大軍的主力，如果這時候對細川家動手，勢必導致這次出征無法繼續下去。然而，這種軍心不一的不利消息在軍中蔓延後，原本鬥志昂揚的義尚也終於坐不住了。同年十二月，把陣地從坂本移到更靠近六角家根據地的鈎。

後來，為了刺激士氣，還向遠在千里以外的防長大內家下令派兵增援，就這樣在鈎待機的事便越拖越久，士氣也慢慢衰落，義尚本人除了在長享二年（一四八八）以舊名字「義尚」不吉利，改名為「義熙」外，基本上每日盡在陣中遊宴，最後演變成酗酒成癮，到了翌年初已經病入膏肓，最終在陣中撒手人寰。

將軍被廢

在義尚病死前夕，前任幕府將軍夫婦，也就是義尚的親生父母足利義政及日野富子已經作好最壞打算。當最壞消息傳回京都後，兩人強忍喪子之痛，也要做好善後的工作。除了下令將愛兒遺體送回京都外，還要求幕府軍隊以戰勝凱旋的陣勢回師，盡可能保全了義尚的顏面。

然而，表面工作做完後，接下來就是現實的政治問題了。義尚生前並沒有兒女，也沒有直系兄弟（圖1-1　足利諸家系）。換言之，下任將軍的人選只能從義尚的堂兄弟中挑選。

其實，當時義尚倒是有兩個堂弟，而且都已成年。一個是二十四歲的足利義材（後來改名「義尹」、「義稙」，以下統稱「義稙」），在應仁之亂時，他的父親義視（義尚的叔父）曾經被指定為將軍的候選人，後來因為義尚出生，奪去了義視的夢想。但由於義稙跟義尚的關係一直不錯，也處於同一陣營，所以如今義尚英年早逝，身在美濃的父子二人對將軍寶座的覬覦重新燃起。

不過，義稙還有一個競爭對手，那就是義尚另一個堂弟，當時已在天龍寺香嚴院出家的清晃（後來改名「義遐」、「義高」、「義澄」，以下統稱「義澄」），年僅十三歲。他是

圖1-1　足利諸家系

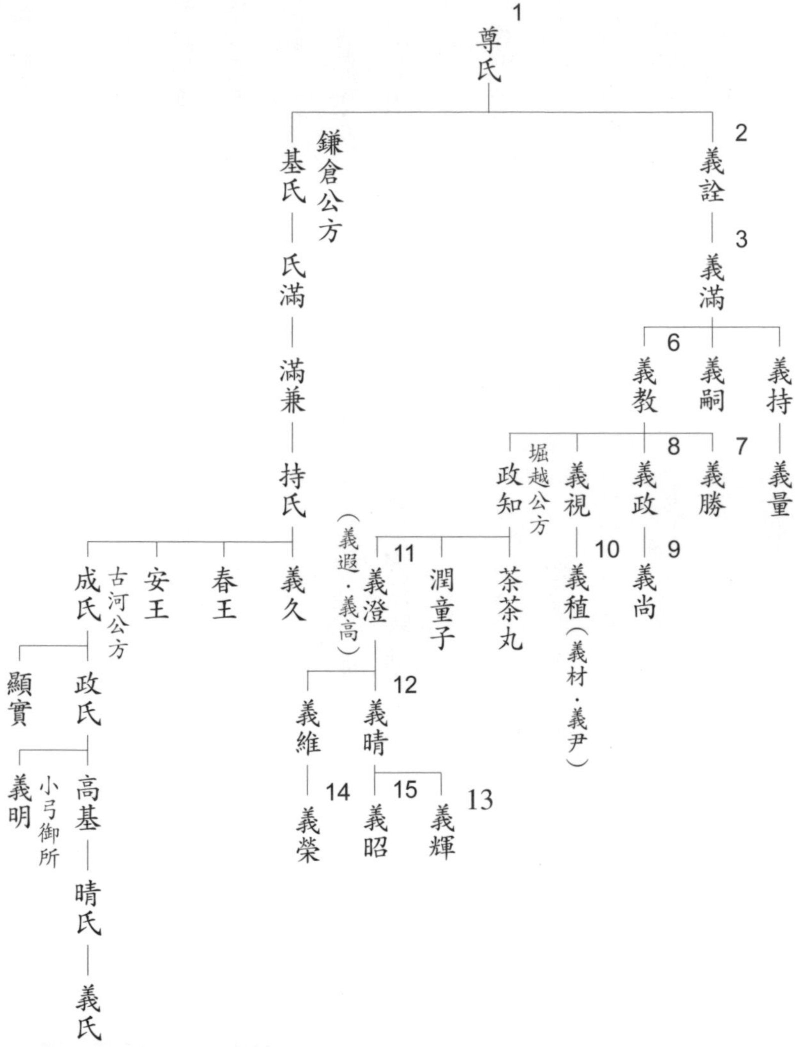

1 尊氏
2 義詮
3 義滿
4 義持
5 義量
義嗣
6 義教
7 義勝
8 義政
9 義尚
義視
10 義稙（義材・義尹）
堀越公方 政知
茶茶丸
潤童子
11 義澄（義遐・義高）
12 義晴
義維
14 義榮
15 義昭
13 義輝
鎌倉公方 基氏
氏滿
滿兼
持氏
義久
春王
安王
古河公方 成氏
政氏
顯實
高基
小弓御所 義明
晴氏
義氏

義政么弟．坐鎮關東的堀越公方足利政知的兒子，政治及家族地位絲毫不遜於義稙。接下來，這堂兄弟二人在不知不覺中，被命運之神設定為勢不兩立的宿敵。只是在這一刻，他們還沒能知道而已。

事實上，在義尚死後，幕府內部已傳出有人想推舉義澄繼位，但由於前將軍義政還是偏向他曾經屬意的弟弟義視，或許也包含了對他之前的虧欠作出補償之意，最終與夫人富子協調，在確保候補人選義澄的待遇不受影響的前提下，決定讓義稙成為第十代將軍。這也是就任將軍以來，備受爭議的義政所作的最後一個重大決定，因為在翌年的延德二年（一四九〇）正月，他便彷彿跟隨愛子般離開了人世，享年五十五歲。

義稙在義政死後正式繼承了將軍之位，然而事後證明，義政在死前做的這個決定，從結果上來說又是一個禍根。

幕府失去了指點江山的老將軍義政，義稙和父親義視在幕府內的威信尚未穩固。喪子亡夫的老將軍夫人日野富子立場搖擺，與義稙同年的青年管領細川政元僅礙於老將軍的決定，勉為其難的接受，事實上另有打算。總之義稙、富子、政元三方的關係在義政死後變得十分微妙。

不過，完成父親願望的義稙似乎沒有意識到這些政治問題。因為在他眼裡，更重要的是承繼堂兄義尚壯志未酬的心願，同時也要盡快為自己樹立威信。因此，義稙不理會政元在自己繼位後立即辭去管領一職，仿佛刻意保持距離，也不顧及父親義視，也就是他唯一的靠山在延德三年（一四九一）正月病死所帶來的不穩，於四月便宣佈親自出征，矛頭當然指向「害死」堂兄的六角家了。

如果今次能夠一舉拿下六角家，或者起碼使之屈服，那麼這位「初生之犢」的將軍義稙理應會贏得人望及支持。而事實上，他這個如意算盤也真的打響了。

八月底，在沒有政元支援下的義稙指示奉命集結於京都的各路大名軍隊向近江挺進。翌年三月，終於與六角家軍隊打了一仗，並且獲取了勝利，不過關鍵人物六角高賴還是抓不到。

即便如此，由於形式上的意義大過實際勝利，與六角家幹上一仗的義稙非常滿足地在年底凱旋回京。當眾人以為新將軍就此滿足，也顧全了幕府的面子時，新官上任的將軍卻不這樣想。明應二年（一四九三）二月，也就是討伐六角的大軍回京後一個月，義稙乘征伐六角家的餘威，並且應幕府重臣畠山政長的請求，下令出兵討伐政長的同族兄弟畠山義豐。兩家為奪當家之位一直鬥爭，這也成為了應仁文明之亂的主因之一。如今雖然當年的當事者都已死去，但仇恨及對立卻被繼承下來。

而對於要樹立個人威信的義稙而言，為義尚「討回面子」是第一步，解決前朝禍根，清算過往的麻煩則成為他如意算盤的第二步。問題是，這個第二步又是否像上一步一樣那麼順利呢？

答案是否定的，這時候便有一個人決心要在背後攪局，那就是剛才提到的青年管領細川政元。政元此人的事跡對不少讀者來說都十分陌生，後面我們還會再提到他，因為他的雷厲風行、我行我素卻大大地影響了戰國時代的發展。不過，現在我們先看看他怎樣給義植「打臉」。

政元跟義植一樣，嚴格上都屬於「亂後世代」。上一輩的恩怨對他們而言已經不再具有同等重要的意義，現在要做的是思考如何收拾殘局。相比義植用武力來解決，政元則選擇用外交手段來擺平。其實早在義植討伐畠山義豐前，政元便已暗自跟義豐接觸並促成和解。當然，這樣做自然會打擊到另一邊的畠山政長，但顯然政元以完全結束內亂為大前提，並沒有將政長的感受和立場放在眼裡（圖1-2　畠山家系）。

可是，現在換成是將軍當攔路虎，情況本應更加難辦，但政元卻一樣不以為然。對他來說，所有不合乎他想法的外部人士都是礙手礙腳的，包括跟自己沒有太多交流的新將軍。因此，正當義植實施他的第二步計劃，與畠山政長一同出兵到河內國（今．大阪府中部）攻打畠山義豐時，政元一貫不動聲色地在水底下秘密行動。

首先是取得了前將軍夫人日野富子的同意廢掉義植，並且改立義澄為新將軍，接著秘密派人到天龍寺，把那時才十四歲的義澄接出來，同時聯絡義豐及其黨羽，準備來個裡應

圖1-2　畠山家系

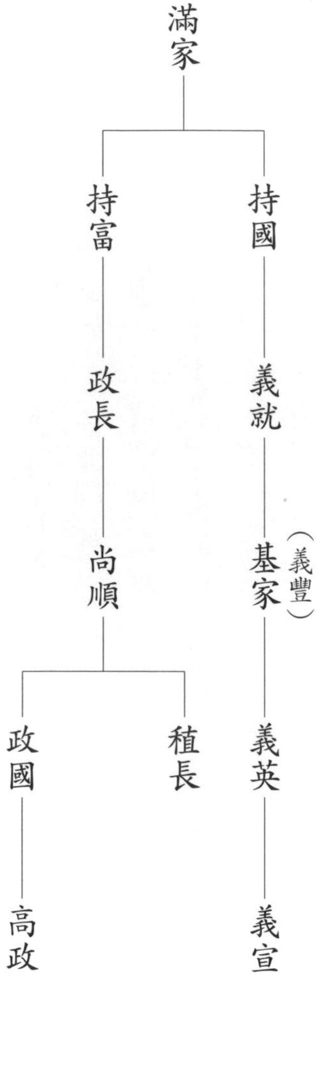

外合，一口氣打倒義植。

富子會支持政元的計劃，是因為義植繼位後，跟其父義視無視當初與富子的約定善待義澄。義植只讓義澄繼續在香嚴院住下去，這讓富子很沒面子。

另外，政元又拉攏了當時仍有實力的播磨國大名赤松政則，並且讓自己的親姐洞松院嫁給了喪妻的政則做繼室。考慮到是管領胞姐，政則也只能接受婚約，並且支持政元的廢立計劃。

於是，對政元的計劃毫不知情的義植突然發現接下來發生的事情將他的人生一口氣打落到谷底。同年四月二十二日，政元終於公開宣佈義澄為新將軍，並且以新將軍的名義，派出自家軍隊，連同原本被義稙討伐的義豐一黨突襲義稙及畠山政長的大本營；另一方面又派兵入京，將跟義稙有關的寺院一一破壞，繼而入宮，迫使朝廷及天皇承認新將軍。

身在河內的義稙突然發現身後的管領細川政元已經明確地背離了自己，一時舉足無措，只好跟隨從投降。事後，被軟禁在京都龍安寺內，後來再移送到政元寵臣上原元秀位於京都的家中；而原本獲得大義名分去討伐宿敵的畠山政長則突然成為了「逆黨」，被圍困在正覺寺城內被迫自殺，其子畠山尚順藉機逃亡到紀伊國（今．和歌山縣）。義稙與尚順的逃脫將為細川政元以及後來的京畿、甚至本州中西部帶來重大的影響，相信政元當時也沒有想到。

驚天政變

大義之師轉眼被強制變成「逆黨賊軍」，而且是在毫無反對及阻礙下完成的「以下犯上」。這就是日後被歷史學家稱為「明應政變」或「明應之變」的政治事件。「明應政變」對於已近黃昏的室町幕府來說，打擊之大與先前的應仁文明之亂相比，有過之而無不及。

這不僅代表剛要走出戰亂的幕府政治再次蒙塵，更是對幕府體制的直接衝擊。政變由幕府第一重臣管領細川政元親自發動和完成，而縱觀室町幕府至當時為止的一百餘年歷史中，沒有一位將軍是被幕府重臣廢掉及擁立的。即使是第六代將軍足利義教被暗殺的「嘉吉之亂」也好，那事件本質是基於兇手赤松家對將軍的怨恨，而不是要顛覆幕府體制。

相比之下，細川政元以政見、方針不同，通過裡應外合去否定合法繼位的主君，然後按自己的選擇迎立新主君，即使他還沒有做到自己取而代之的地步，但是這徹底打破傳統的政治舉動，已大大動搖了幕府早已搖搖欲墜的根基。而且，事後的歷史發展證明，這種先例的出現意味著廢立將軍之舉不會成為「絕響」。究竟政元本人作決定時，是否有過深遠、慎重的考慮，或者他只是率性為之，真相恐怕永遠是個不可解的謎了。

無論如何，政變已經發生並且完成了。唯一問題就是該如何處理被廢的將軍義稙。即使政元膽敢幹出更換主君的行動，但終究沒有打算踏出更狠更徹底的「最後一步」，當時有流言指政元打算將義稙流放到四國讚岐，並不打算取其性命。

然而，正在這個時候，原本被監視軟禁在上原元秀家中的義稙突然趁夜逃脫，不知去向，後來輾轉逃到越中（今・富山縣），投靠了當地的領主神保家，其後來又去了周防、長門（今・山口縣），寄身在大內家之下。或許是義稙命不該絕，也或許就像後來的歷史發展一樣，他不屈不撓、強韌的生命力及鬥志助他渡過一次又一次的難關。

可是，站在新將軍義澄及政元的立場來說，義稙的脫逃是一次重大政治災難，也是一個重大的禍害。就這樣，如同一百年前一天兩帝的南北朝一樣，現在出現了兩個將軍家對立的局面，而這個對立的遺禍一直持續到四代將軍，近七十年的歲月，直至信長擁立足利義昭為第十五代將軍為止。

無論如何，「明應政變」的影響及意義遠比應仁文明之亂來得深刻久遠，這是一個不爭的事實。如果說「戰國時代」是破壞傳統體制，使秩序失墜，崇尚力量至上的時代，那麼發動「明應政變」的細川政元便是打開這個「潘多拉之匣」的關鍵人物。

亂無休止

怪傑末路

明應政變是室町幕府史上首次有幕府將軍被管領廢黜的事件。究竟為什麼已是一人之下，萬人之上的細川政元要做出如此破天荒之舉呢？其實我們首先要了解到，政元決定廢掉義稙，不只是因為與義稙關係不佳，這裡還隱含了政元十分浩大的政治藍圖。

在這之前，有必要簡單地介紹一下這個值得大家記住的人物：細川政元。前兩段已提到，他跟兩個將軍義尚及義稙年齡相若，都是「亂後世代」。經歷了應仁文明之亂後，在幕府「三管四職」的七家中，「三管」的斯波、畠山兩家已經元氣大傷，不具威脅，至於「四職」的赤松、山名、一色、京極四家也因為各自領地都有內亂而難以分身。幕府內部就只剩下管領細川家依然屹立不倒，靠的除了是當家的才幹和作為管領的政治資本外，還有賴背後一直支持宗家的各個分家。

政元身處這種客觀情況下繼承了細川宗家，獲得了前所未有的更大、更自由的政治空間，本應可以大有作為。然而，他的性格行為卻又是一個問題。據成書於戰國後期的軍記如《足利季世記》等所載，政元終日醉心於山伏修道，到四十歲時都未曾娶妻，也不好女色，還曾經與家臣微服遠到北陸道越後國參拜巡訪，嚇得當時的越後守護上杉房定不知所措。

然而，到了中年後，為了管領細川家以及政局的穩定，他收養了三人做養子，作為不同位置的接班人；分別是細川澄元、細川澄之及細川高國。這三人也終究因為他們這位我行我素的養父而走向自傷殘殺，禍起蕭牆的結局（圖1-3　管領細川家系）。

不過，政元的這三名養子其實便是他宏圖大計的重要棋子。首先是細川高國，他出身的野州細川家，同樣是細川家分家中的中流砥柱，也是血緣上跟宗家比較親近的，所以高國是第一個被政元收養的養子，後來也終於有機會出人頭地。

而第二位的細川澄之的來頭就更加不容忽視了。他本來是攝關家中的九條政基之子，後來被政元收為養子。管領收養攝關家的子弟做養子可謂絕無僅有，也反映政元在當時的確權勢一時無兩。澄之還有一個重要的政治本錢，即他的生母是上述堀越公方足利政知正室的姐妹，換言之，澄之與被政元擁立的新將軍足利義澄是表兄弟關係。更重要的是，政元是在發動政變前兩個月左右才收澄之作養子的，因此可以推斷，政元擁立義澄為將軍背後，其實有著很深的計算。

圖1-3　管領細川家系

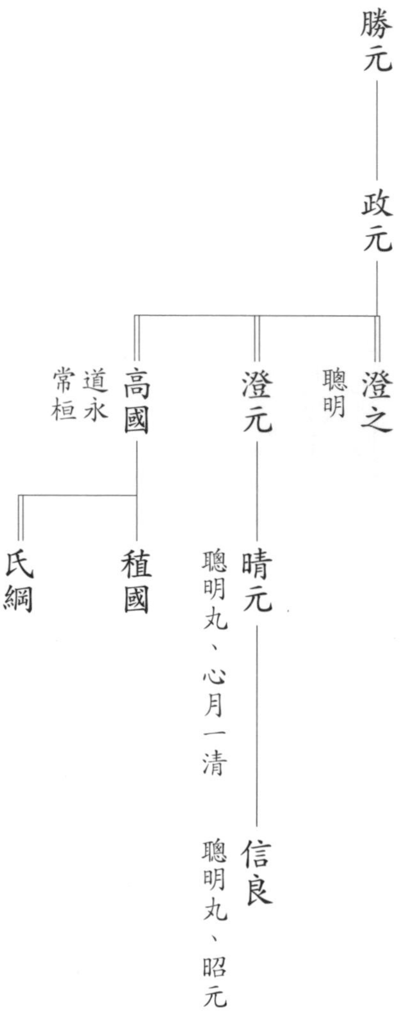

至於最後一位細川澄元是細川氏分家·阿波守護細川家出身，也是政元晚年才收養的養子。阿波細川家一直都是在背後支撐著宗家的重要一員，在其後的歷史發展中，這一支分家人才輩出，並且一直都扮演著不可或缺的角色，以後再談。

歷史學者審視這三名養子的身份及來歷後，認為政元的政治大致是這樣的。首先，藉著義植沒有政治靠山，趁其羽翼未豐時把他扳倒。接著，扶植與自己關係較好，又有攝關家做親戚的義澄做新將軍，另一邊再將從九條家那裡新收養的澄之扶持為自己的接班人，同時相中堀越公方足利政知的兒子、也就義澄胞弟潤童子，他「如無意外」將會成為下一任的堀越公方。

這樣一來，除了一直與幕府對立的古河公方外，幕府將軍、管領以及堀越公方，還有攝關家都會通過政元的政治工作連結在一起，再連同細川兩大分家阿波家和野州家出身的兩個養子澄元與高國作後援，這個由管領細川家綴合強化，並以細川家為核心的「新幕府重建大計」便活現眼前。因為這個原因，史學家認為當年政元突然造訪越後守護上杉氏也是計劃的一環，目的就是要鎮守關東，為幕府監視古河公方的上杉家也支持這個計劃。

不過要留意的是，政元即使扶植義澄成為將軍，但他仍然「如既往地我行我素，跟將軍家保持距離。因此，可以相信政元的政治藍圖「如無意外」的話或許會為幕府統治重新帶來穩定，但那個藍圖中的將軍、公方都只會是他的棋子而已。而且，要「如無意外」地完成整個藍圖，前提是政元的領導必須一直保持強勢才行。

但是，「如無意外」的期待總是會出意外的。義稙被廢掉時，在河內國自殺的畠山政長遺兒畠山尚順於明應六年（一四九七）晚秋突然從紀伊國發兵攻入河內，大敗曾得到政元幫助的宿敵畠山義豊。尚順舉兵的消息一出，時在越中的義稙認為時機已到，立即糾集各路人馬，謀求歸位回鑾。包括越前的朝倉貞景、京北的比叡山延曆寺等，紛紛響應。

到了明應八年（一四九九）初，隨著畠山義豊兵敗自殺，他年僅十一歲的遺兒畠山義英僥倖逃出生天。這個結果對於一直想利用畠山家內鬥，坐收漁人之利的政元來說，自然是十分不安的事。另一邊，成為當時畠山家唯一代表的畠山尚順及其背後的足利義稙為報明應政變之恥，也當然和政元水火不容。

然而，這次處於極度劣勢的政元為勢所迫，急須打破局面，這時候他的家臣團終於發揮出真本事，先由猛將赤澤朝經攻擊了比叡山延曆寺，再一舉攻下尚順方的幾個要塞，迫得尚順再次逃到紀伊國。

另一方面，與京都只有一步之遙的義稙正打算一鼓作氣攻入京都，卻被他之前打敗的六角高賴偷襲得手，義稙只能倖免於難，逃到比叡山延曆寺暫避，之後再暗中逃到防長的大內義興處。政元幾經辛苦，總算是暫時解除了外部威脅。

不過，這只是難關的開端，最終政元的計劃還是難產了。首先，雖然在細川政元的慫恿下，畠山義豐的遺兒．畠山義英在長大後重燃畠山家的內亂，與畠山尚順再生戰鬥，但不久之後，義英不甘扮演政元的傀儡，轉而尋求跟宿敵．畠山尚順和解，兩家同意瓜分河內國的統治權，並且在永正元年（一五〇四）達成和解協議。

畠山家的和平固然是打擊，但是更重大的打擊還在後頭。先是早在延德三年（一四九一）足利茶茶丸之亂爆發，原本按政元的計劃，將成為下任堀越公方的潤童子被長兄茶茶丸殺害，東國支配最重要的拼圖就此消失。再者，整個計畫的策劃人──細川政元自己也在永正四年（一五〇七）六月，遭自己最重視的養子．細川澄之的黨羽暗殺，為一切畫下句號。

「兄弟」鬩牆

權傾天下，連將軍都敢一手推倒的一代「怪傑」細川政元在一夜之間遭遇毒手身亡。為什麼政元最後會落得這個慘劇般的下場呢？問題還是出在他的養子政策雖然面面俱到，而且十分浩大，但不代表就一定廣受支持。

首先，他手下的家臣們對這個藍圖不以為然，特別是細川政元的家臣們為了自己家族今後的利益打算，都分別支持了細川澄之及細川澄元，而另一個養子細川高國在當時還未成氣候，無人問津。

事實上，自從政元通過政變推倒足利義稙，完全掌控幕府政治後，他的家臣比起政元自己更早更快地驕縱起來。上述的赤澤朝經和上原元秀一方面得到政元的寵信，另一方面又利用政元的威勢，在畿內各地強搶物資、侵奪土地，使得細川政元十分苦惱。

另外，家臣之間為了各自的利益，都嚴防對方扶搖直上，對於政元刻意提拔任何一方，其他對立的家臣都不願輕易支持，這也使政元在如何管理龐大而又利益交錯的家臣團上，感到十分煩悶。後來，當政元收養養子後，家臣們因為不能確認向來我行我素、不顧他人的政元會在什麼時候又有新花樣，打亂自己的部署，於是索性反客為主，搶先把政元趕下台來自保。

最先發難的是澄元派的藥師寺元一，但是他在永正元年（一五〇四）發動的謀反很快便告失敗，與事件脫離不了關係的澄元雖然因為生家實力雄厚，並沒有被追究責任，但這次謀反失敗後，他的地位也受到了打擊。

與此同時，謀反事件一出，另一方的澄之派也蠢蠢欲動，支持澄之的香西元長及藥師寺長忠（元一之弟）起來發難，終於成功徹底除去了礙事的主君，並迫使對手澄元黨逃出京都。就這樣，大膽廢立將軍，製造幕府分裂的管領細川政元終究以自己的生命親嚐被家臣出賣背叛的滋味。然而，他卻沒有足利義稙那樣幸運，獲得翻盤再來的機會。更有甚者，管領細川家一向以一族團結和諧著稱，傲視各個飽受同族內訌困擾的武士領主，在細川政元被殺身亡後也終究陷入了分裂。原本在政元主導下又稍為恢復穩定的中央局勢，再一次陷入混亂。

眼見京畿一帶將再次陷入戰火之中，京都上下人心惶惶，逃亡避難者絡繹不絕。犯上殺父大罪的澄之派還沒來得及要求將軍義澄任命澄之為新管領，一直韜光養晦的細川高國便已站了出來為養父報仇。同年八月，高國連同其他細川家分家的軍隊攻滅了澄之及其主要黨羽，澄之派被完全消滅。

殺父之仇雖報，但接下來便是立功的高國與原本更有機會繼位的澄元爭奪利益的局面。澄元眼見澄之派被高國領兵攻滅後，首先入京要求將軍義澄承認自己是新的管領，搶佔政治高地，但早被搶佔先機的澄元在士氣高漲的高國軍面前，還是只能敗走逃亡。他跟重臣三好之長等人一起逃回四國阿波的老巢，等待東山再起的機會，不過這一等卻是十多年的事。

高國確定掌握京都以及幕府的控制權後，為了與澄元一刀兩斷，決定恭迎身在周防國山口的前將軍義稙回京復位。於是，義稙在實力財力雄霸一方的大內義興的大軍護衛下，浩浩蕩蕩沿著瀨戶內海上京。

聽到這個消息的義澄手上無兵可用，只好與近臣逃到近江國甲賀郡避難，等待機會再圖復位。四月，義稙及義興到達和泉國堺港（今・大阪府堺市）。七月一日義稙再次被朝廷任命為征夷大將軍，高國則被義稙任命為管領（義興為副管領），正式成為政元的後繼人。

不過，高國一展身手之前還得再接受考驗。永正六年（一五〇九）六月，潛伏在近江的澄元派在三好之長帶領下試圖反擊，但被高國及義興派出的聯軍大敗。同時他們又派出刺客，圖謀暗殺義稙，也以失敗告終。怒不可遏的義稙想反過來作出回應，但同樣無功而返。

到了永正八年（一五一一），這次義澄和澄元方終於來一次準備十足的反擊。兩方連同原本嫉妒高國的兩個細川氏分家—細川政賢及細川尚春於七月一起圍攻京都。但是，由於義澄方的兵力始終沒有高國、義興來得多，在八月末爆發的船岡山之戰中大敗，戰死者近四千人。受到大敗的打擊，將軍義澄一病不起，最終病死在近江國岡山（今・滋賀縣近江八幡市）。澄元為了不被高國方得知義澄的死訊，下命嚴防洩密，但終於還是無法扭轉頹勢，澄元黨再次逃到阿波，尋求再起的機會。

在船岡山之戰獲得勝利的高國，靠著大內義興的強大軍事支援，以及前將軍義稙復位的好氣勢，暫時穩住了陣腳，幕府的統治也於永正八年（一五一一）底正式重新上路。在接下來的三十年裡，陷入分裂的管領細川家和將軍家都為了打倒對手，以京都為中心展開多次的驅逐戰、狙擊戰，可是，最終的結局卻是各方都意想不到的兩敗俱傷。

流浪將軍

幾經辛苦折騰，義稙從被廢出逃，到重回將軍寶座，輾轉花費了近二十年的光陰。那時候的義稙已經四十八歲，按當時的標準而言，算是垂暮之年。回到京都後，幾近老年的義稙與二十年前的自己早就不可同日而語，起碼他清楚明白到，要好好地處理自己與功臣細川高國、大內義興的關係。

義稙充分了解，沒有大內家的軍力支持，這次的復辟根本無從談起。因此他很小心地對待義興，盡可能予其更高的政治地位，包括前述的副管領，和後來任命的石見國守護及山城國守護，作為扶持自己的獎勵。另一邊的細川高國也明白，義興的態度及意向對自己的政治生命有著很大的影響力。至於義興也知道在自己不熟悉的京畿駐留，必須謹慎處理與將軍、管領的關係。

三人互相都摸不透對方的底牌下，算是相安無事地共渡約三年的時光。這段期間，義稙通過高國向各地方大名發出命令，對幕府行政不熟悉的義興雖然被任命為山城國守護，但其實只在必要時以連帶責任人的名義，一同發出指令而已。幕府要求大名們負擔幕府及朝廷的非經常開支，如寺社、禁宮的修繕等，務求向各路勢力彰示自己位居權力的頂端，幕府已經回到正軌。

隨著時間的流逝，三人之間的矛盾還是日益加深，尤其是高國的政治方針及利益與義稙、義興有所不同。義稙歷盡艱辛重新成為將軍，對於將軍的面子及重振幕府的決心沒有受到時光的影響，反而更加強烈，十分看重幕府原有的路線及原則。與他相比，高國顯然學習了養父細川政元的作風，認為政治現實比原則更重要。一個典型的例子就是將軍賜予大名名諱上的問題。

陸奥國的領主伊達家來使慶祝義稙復辟的同時，向幕府為新當家．次郎（後來的伊達稙宗）申請官位及義稙的賜名。伊達家雖說是奧羽地區數一數二的名門望族，但義稙認為要沿襲幕府既有的方針，可以賜予將軍的名諱，但不需過於重視。

相反的，高國卻看重伊達家的實力，並且希望得到伊達家的支持，因而十分積極地和義稙斡旋，要求義稙厚待伊達家的請求。這背後當然也有高國自身的計算，他要向伊達家表示自己是可以影響將軍意向的真管領。

最終，義稙還是讓伊達家如願以償，而且很不情願地親筆寫了「賜名狀」。高國的算計成功了，但卻使義稙的不滿逐漸積累。

除此之外，高國還有一事的處理手法讓義稙火冒三丈。前面提到永正八年底，足利義澄在近江病死，逃出京都前義澄把兒子托付給播磨國的赤松義村照顧。

如今義澄已死，心腹之患不戰而逝，義稙本應滿心歡喜，但高國卻考慮到老年的義稙膝下無子，下一任將軍的人選成為隱憂，於是他與義興暗自策劃讓義澄的遺兒做義稙的養子以防萬一，同時又可直接解決將軍家分裂的困局，只是高國務實的作風再一次傷害了義稙的自尊。

雖說這是一個很好很務實的主意，可是不想再任人擺佈的義稙認為，高國及義興在沒有得到自己的首肯下，代為決定了將軍家的將來等於把自己當成花瓶。滿心惱怒的義稙於是出走至近江國甲賀（今・滋賀縣甲賀市），用行動表達對兩人專橫的不滿。

大吃一驚的高國及義興明白到自己扶持復位的這位將軍也不是省油燈。於是，兩人慌忙地到近江請罪後，義稙才答應回京。經過這個事件，義稙、高國與義興三人雖然暫時還能和平相處，但其實這只是時機未到，而高國的行事問題所形成的對立也正在升級。

除了義稙外，高國與義興之間的矛盾同樣十分明顯。細川家和大內家自應仁文明之亂以前起，便已經一直爭奪與明帝國「勘合貿易」的主導權，如今雖然同在義稙政權內，但利益仍須分明。高國起初多少禮讓，但到後來還是與義興鬧出矛盾，雙方的船隊更在中國浙江寧波港大打出手，甚至驚動明帝國政府（有關勘合貿易，詳見下冊別錄）。

當然，義興本身也是有煩惱的，光是要維持隨他上京的大軍日常開支已是一大問題。還有他的家臣及隨軍的西國諸侯也不是那麼熱衷京都的生活，他們擔心自己的領地安全，更盼望盡快回到老家。

實際上，最終直接導致大內義興決定在入京第十年，即永正十五年（一五一八）八月回到山口的原因，便是當時在出雲迅速崛起的尼子經久對大內氏在西國的霸主地位，已造成實質的威脅（詳見本冊第三章）。

義稙深知義興一走，所有的問題及危險都會迅速爆發出來，於是派出與義興十分友好的政所長官（將軍的管家）伊勢貞陸前往堺港，試圖慰留義興。然而，義興眼見家門起火，去意早已堅決，並沒有理會義稙的處境。

大內義興離開後，三角互制的平衡隨即被打破，剩下來的義稙和高國間的矛盾也立即顯現出來，同時間一直等待機會東山再起的細川澄元及三好之長也看準時機，從四國直攻京都。失去大內軍支持的細川高國見狀後，認為沒有將軍的澄元黨恐怕不能在京都久持，於是打算帶著義稙逃跑。但是這一次變得老辣的義稙不再受高國的擺佈，他認為，既然沒有可以代替自己當將軍的人存在，那麼高國及澄元陣營都會視自己為必須品，自然不需要與高國共存亡了。

於是，義稙堅拒不與高國一起出逃，單獨與近臣留在京都，打算跟即將入京的澄元黨談判。但這次義稙又再出現失誤，高國很快又捲土重來，再次把澄元及三好之長趕出京都。這回問題就變得尷尬了，雖然說義稙是將軍，但終歸是打算出賣高國自保，如今高國殺回來後，兩人的芥蒂更深，早晚兩方之中，將有一方待不下去。

果然，大永元年（一五二一）三月，義稙率先行動，但不是去攻擊高國，而是自己逃出京都，跑去淡路國（今．兵庫縣淡路島）。高國得知後卻沒有像十年前一樣把義稙請回來，反而印證了義稙當日的擔憂，將寄養在赤松家的義澄遺兒接來出任新的將軍─他便是足利義晴，也就是後來足利義輝及義昭的生父。

義稙逃到淡路國，當然只是權宜之計。當他聽到高國擁立義晴後，馬上便想重施故技，再次上京保住位置。但這次因為鄰近的大名沒有出面勤王，義稙只能失意地回到淡路，後來再移到阿波國（今．德島縣）等待機會，可惜的是這次他強大的生命力與鬥志之火已經燃盡，兩年後的大永三年（一五二三）四月九日，義稙於阿波病死，享年五十八歲。

義稙病死後，焦點便放在細川高國及澄元的義兄弟之爭。不過，澄元不久後病死，他的兒子晴元繼承父志，期盼打倒高國。而高國也因為長子稙國忠病英年早逝，失去了原定的接班人，令其陣營陷入信心危機。

正當這個時候，高國陣營發生內訌，高國因為誤殺手下香西元盛，引發內部的分裂。香西元盛的兄弟．波多野稙通和柳本賢治為了報仇，旋即倒戈攻擊高國，晴元黨見機立即上京，高國被迫帶著將軍義晴再次退到近江國。

晴元陣營入京後把留在京都的義晴兄弟足利義維擁立為新將軍，但跟前幾次一樣，高國很快又發動反擊，再次把晴元趕走，義維還沒有來得及正式被冊封做將軍，便被迫跟著晴元等人逃到堺港。在那裡成立了「流亡政府」──堺幕府。

這樣的一進一退反覆持續了近三年，到了大永八年（一五二八），在雙方仍然無法徹底擊倒對方下，高國勸誘晴元的重臣三好元長（之長之孫）接受和解，但由於晴元堅拒終告失敗，因而造成晴元陣營內部的矛盾及疑神疑鬼。

不知道對手情況的高國為了請援兵，決定隻身離開京都，到出雲國（今．島根縣東部）尋求當時已經成為一方豪強的尼子經久幫忙。然而，經久因為正與大內義興對峙，根本無意出兵幫忙。高國知道後便轉向南下備前（今·岡山縣東部），這次找到了剛剛殺害主君赤松義村自立的浦上村宗幫忙。村宗考慮到可以利用高國為自己爭取正當名份，於是決定答應高國出兵。在這個時候，剛好一直為高國帶來麻煩的柳本賢治被人暗殺，高國認為機會成熟，便出兵攝津（今·大阪府西），再次與晴元陣營開戰。

可惜，生命力及鬥志足以媲美前主君足利義稙的細川高國命運終於到了盡頭。享祿四年（一五三一）六月，高國在攝津國天王寺（今·大阪市）遭到三好元長軍猛攻，浦上村宗在逃亡中意外溺斃，高國匿藏在大甕中，打算出港逃亡，但在六月八日，他還是被三好軍捕獲，最終被迫令切腹自殺。

隨著高國兵敗自殺，圍繞著細川政元和他三個養子的亂局終於告一段落。回顧以上近三十年的亂局，由將軍的更迭，到細川家內部三番兩次的內訌，幕府最終一度由細川高國掌握、把持。

雖然政元當初勾勒出來的政治藍圖至此已經完全破滅，但是，他一手策劃的藍圖從結果看不僅引起了將軍家的分裂，就連一直靠團結對外的細川家也因此陷入分裂對立的狀態。最諷刺的是，細川政元當日處心積慮要廢掉的義稙在政元死後，卻得以重任將軍，再一次說明歷史總是由巧合及因緣交織而成。

話雖如此，京都和畿內地區的亂局並沒有因為高國的死去而平息，後面我們會看到這不過是下一波亂局開始前的一時平靜而已。

殃及池魚

佛國蒙難

在前面的兩個章節裡，我們大致看到自九代將軍足利義尚死去到明應政變，以及後來叱吒京畿風雲的細川政元被暗殺後，以京都為中心的亂局發展。接下來我們將換個角度，看看京都南方一個受影響地區的情況，這就是號稱「佛國」的大和國（今・奈良縣）。

京都南方的大和國是日本古都奈良（平城京）所在之地，後來該國由興福寺及春日大社聯手統治，等同大和國的支配者。應仁文明之亂（一四六七至一四七七）在京都引發，對於包括大和國在內的周邊諸國來說，雖有影響，但由於各國早已處在亂事之中，京都幕府的政治騷亂只是讓他們的紛爭更加複雜而已。

經歷過十四世紀初的南北朝之亂後，大和國在室町時代已經不再是任由興福寺及春日大社予取予求的「佛國」。坐鎮在京都的室町幕府對腳下的大和國，更是沒有放任不管之理。幕府的權威自京都向四周諸國，乃至邊陲遠國都大致可及，近在眼前的大和國當然備受影響。

幕府為了將畿內五國（山城、河內、和泉、大和、攝津）牢牢控制在手裡，化為幕府的「後花園」，當務之急便是打擊各地現有的權威，自平安時代便在大和國呼風喚雨的興福寺和春日大社自然首當其衝。

歷經幕府策動的「大和永享之亂」（一四二九至一四四〇）後，大和國內原本聽從興福寺指揮調度的領主（興福寺稱之為「國民」、「眾徒」）先後響應幕府意志，在大和國內引發一連串的戰爭，而且逐漸演變成北部最大的領主筒井家與南方最強的越智家的雙雄對決局面。

起初，越智家先佔優勢，連敗筒井家。但在這期間，幕府內部發生政治鬥爭，第六代將軍足利義教的弟弟．大覺寺義昭爭奪將軍之位失敗，逃到大和國領主．越智家避難。這個結果引發幕府決定支持屢戰屢敗的筒井家，大和國南北對決的形勢瞬間逆轉。終於在永享十年（一四三八），得到幕府派大軍支援的筒井家在大和南部大敗越智家，於其後的餘戰內幾乎將越智家及其支族趕盡殺絕。

經過十年的亂戰，筒井家在大和國的地位驟升，成為了大和國一股不容忽略的力量。而原本的「國主」興福寺及春日大社也只能眼睜睜地看著「佛國」變成「亂國」，自己僅能勉強保身而已。

不久後，幕府發生了將軍義教被暗殺的嘉吉之亂（一四四一），深受義教支持的筒井家失去最大靠山，立即成為大和國內的眾矢之的。同時，筒井家也因為利權問題陷入內訌，將從前的手下敗將越智家，及以古市家為首的其他大和國領主和興福寺等統統都扯進來。

幸而不久後，受將軍被殺影響的幕府在新管領細川勝元（政元之父）的指揮下重回安寧，而勝元也繼續故主義教以筒井家為核心去牽制大和國的路線。於是，一時處於困境的筒井家再次絕處逢生。不過，這次內亂下，筒井家的優勢漸失，只能與其他領主保持勢力均衡，而曾經被筒井家殺得大敗的越智家也得到喘息機會，慢慢恢復勢力。

以上可見，早在應仁文明之亂前，大和國早已亂成一團，潛伏的矛盾直到這場京都大亂再次得到浮上水面的機會。這次應仁文明之亂跟上次的永享之亂相似，劇本仍然是筒井家與越智家各領支持者，分屬東、西陣營。

筒井陣營支持東軍，而越智陣營則是西軍。重要的是越智陣營中的古市家，這家領主原本是跟筒井家一樣出身大和國北部的領主，身兼興福寺內屬高層身份的「眾徒」（興福寺的行政人員）首席，因為不滿筒井家之前權傾一時，目中無人，於是決定跟越智家緊密合作，這個組合大大地影響了不久後的大和國局勢。

雙方在大和國展開了數場戰鬥，表面上是為了京都兩陣營而打的「公戰」，但實際上是將國內各方的新仇舊恨一併清算的「私戰」。讓問題更加複雜的是，在戰亂期間，各個領主除了戰鬥外，還要面對自己的支族欲借戰亂尋求自立，脫離宗家的支配。這些支族利用從屬興福寺為藉口，希望長期冷眼旁觀武士領主互相火拚的興福寺能夠提供保護傘，阻止自己宗家的追迫。

在這種公私難分，各種問題一併爆發的狀態中，京都的亂事於文明九年（一四七七）不了了之地結束，主線越智陣營與筒井陣營的戰鬥也有了結果。筒井家最終被越智家及古市家打敗，一度沒落，大和國的最大勢力改為越智家和古市家。

可是，常言道「共患難不能共富貴」，越智家與古市家的合作關係也只維持了不到十年，便出現裂痕。事緣明應二年（一四九三）初，即明應政變發生後一年，被細川政元擁立為新將軍的足利義澄下令京畿各地的領主上京覲見拜賀。越智家的當家・越智家榮與古市家的當家・古市澄胤先後率領旗下的大和國領主到達京都。

這時候，越智家榮自認為是大和國最強勢力，又率領比古市澄胤手下更多的領主上京，但在排場和獲得的待遇上，古市澄胤卻比自己更高，於是心生不滿。另一邊的古市澄胤則認為自己才是引導越智家打敗筒井家的真正英雄，況且身兼興福寺轄下的「眾從」首席之職，地位上比屬於「眾徒」下層的「國民」越智家更高，理應獲得優厚待遇。這次對立反映出兩家表面合作，背後卻一直想找機會排除、壓制對方的事實。

雙方的不滿雖然沒有再一次引發戰亂，但兩派仍然不忘各自在水底下進行政治工作。經過各種政治工作後，明應八年（一四九九）十月，越智家榮成功與包括宿敵筒井家在內的大部分大和國領主達成和解，宣誓以溝通取代戰爭。問題是，這次大和解卻將古市澄胤冷落一旁，這明顯就是越智家榮的目的，要讓古市家被孤立起來。

即便如此，古市澄胤也不是無計可施。既然在大和國內備受孤立，古市澄胤便到外面尋找幫手，這個強而有力的幫手便是管領細川政元的頭號猛將．赤澤朝經。但古市澄胤或許沒有想到，這次請援將為大和國帶來前所未有的震盪。

引狼入室

明應政變後，細川政元一方面利用大和國西鄰的畠山家內亂去確保自己能夠獨佔幕府的權柄，另一方面對傳統勢力卻少有保護之心，反而容許手下家臣作為自己的分身，在近畿發揮影響力，赤澤朝經便是其中一人。朝經將與古市澄胤的合作，視同為獲得入侵大和國，使它成為自己地盤的好機會。

明應八年（一四九九）十二月，朝經順理成章地以幫助古市澄胤為幌子，大行侵略之實。赤澤軍毫不保留地直指大和國的兩大重鎮—興福寺及春日大社，肆無忌憚進行破壞，並侵吞興福寺領地，完全視興福寺與春日大社的權威如無物。

雖然興福寺向細川政元投訴，但是政元沒有理會，反而默認朝經在大和國開始實行「統治」，儼然任命朝經擔任大和國的守護代，而自己則是該國的守護般。不過，情況也沒有一直按政元的計劃順利進行。前段提到，就在這個時候，長期分裂的畠山家兩派陣營（義英與尚順）在永正元年（一五〇四）宣布和解，使大和國西鄰的河內國亂事暫告休停。

有鑑及此，苦無助力的大和國領主及興福寺便向剛和解的畠山家求助，希望畠山義英與畠山尚順出手趕走赤澤朝經，同時以越智、筒井為首的領主們決定結成聯盟，防止國內再有領主像古市澄胤一樣引狼入室。

與細川家不共戴天的畠山尚順率先響應了大和國領主聯盟的請求，但尚順以大和國領主協助自己征討畿內的細川派作為交換條件。然而，一向自成一國的大和國領主無意從屬國外的勢力，拒絕了尚順的要求。就在這個談判期間，赤澤朝經為了教訓這些在他眼裡桀驁不馴的大和國領主，於永正三年（一五〇六）率領大軍掃蕩了領主聯盟，差不多一口氣吞下大半個大和國。接著朝經的養子·赤澤長經又在永正四年（一五〇七）再次揮軍入侵，這次連興福寺及春日社都被列入攻擊範圍，大和國內幾乎到處都留下了赤澤軍的鐵蹄。

同年，細川政元被暗殺身亡後，原本和解的畠山義英及畠山尚順再次決裂，接著將軍足利義澄跟出逃在外的前將軍足利義植亦再次對戰；至於赤澤朝經則在一年後的永正五年

（一五〇八）進攻河內高屋城時被畠山尚順襲殺，與一直追隨自己的古市澄胤一同戰死，在河內、大和兩地馳騁的猛將就此殞命。

雖然為大和國帶來混亂的赤澤朝經及古市澄胤已死，但是面對京畿戰亂再起，大和國的領主聯盟受到局勢影響，已經無法保持團結一致。在後來的一段時間裡，大和國領主在分裂對立跟聯盟和平之間不停轉換游走，但不管怎麼變化，基本的構圖始終離不開越智家與失去當家的古市家跟筒井家的對立。與此同時，像赤澤朝經這樣大和國以外的勢力對大和國打主意、不斷侵襲大和國的現象也不斷發生。大和國的領主身不由己，受這些龐大勢力影響而東倒西歪。

這時候的京畿，細川政元的死亡引起他三個養子的互相攻伐，各自的家臣及陣營內的領主也跟隨著他們的主君在京畿地區展開連場惡鬥，大和國自然不能倖免。天文元年（一五三二）畠山義堯（義英之子）率領筒井順興等領主攻打河內國的飯盛城（今·大阪府田條畷市），要教訓倒戈細川晴元底下當家臣的前臣子木澤長政。

長政透過新主君細川晴元，要求本願寺證如下令河內國內的門徒舉兵支援。證如一聲令下，河內國內的門徒教眾群起攻擊畠山義堯。義堯被迫自殺後，筒井順興雖然僥倖逃回大和國，但門徒一路乘勝追擊，同時聯絡大和國內的同宗門徒共同起事，藉出兵幫助木澤長政及細川晴元的機會，入侵大和國，使它成為本願寺教派的新據點。

一如前述大和國一直是興福寺及春日大社兩大宗教權威的領地，本願寺派只能在興福寺勢力較弱的地方設置教坊，低調傳教。現在這個偶然的機會突然從天而降，傳教之心狂熱的大和國本願寺門徒立即集體呼應。

同年七月，河內國與大和國的門徒裡應外合，在大和國內發起騷亂，興福寺再次當災，成為門徒攻擊的主要對象。興福寺轄下的寺院大多被門徒火燒搶掠，就連春日大社也成為攻擊的目標。門徒入侵大社後，奪取大量的寶物而去。大和國這次劫難刺激了國內武士領主的危機意識，他們自小深受興福寺及春日大社薰陶，眼見本願寺門徒對兩地大肆破壞，於是決定打破政治對立，一起出手將門徒驅逐出大和國外。

同年底，十市、筒井與越智三家為首的領土在高取城（今．奈良縣高取町）之戰中殺敗了來襲的門徒軍，將該勢力一應清除乾淨。

至此，大和國的戰亂已經不再是內爭，而是要對應外來者的侵擾。從以前的赤澤朝經，到現在的本願寺門徒，各種大小不同的勢力陸續肆無忌憚地向這個「佛國」伸出魔爪，打算將它據為己有。

本願寺門徒退出大和國後，下一個打大和國主意的，便是挑動門徒起兵的木澤長政。長政在飯盛城之戰中情急智生，順利為自己求得生路。他的才幹獲得了新主君細川晴元的器重，在天文七年（一五三八），長政獲幕府命令，幫助興福寺收拾門徒作亂後的殘局。

可是，這次跟上回的赤澤朝經一樣，長政也是「請神容易，送神難」的麻煩人物。

長政利用協助興福寺善後，重建權威的名目，進入大和國後代興福寺實行統治。不過，木澤長政比赤澤朝經聰明，甫抵大和，便分別在大和國西部築起信貴山城（今・奈良縣平群町），又在天文十年（一五四一）再在南部築建二上山城（今・奈良縣葛城市），作為他統治大和國的兩大要塞。另外，長政也比朝經更善於以柔克剛，進入大和後他主動跟筒井、十市等領主進行溝通。

對於當時立足剛穩的細川晴元政權而言，木澤長政如果能夠掌握大和國的統治，將大大增強政權的威信及影響力。興福寺在經歷國內兵亂及本願寺門徒之亂後，已經千瘡百孔，無力回天，只能反過來借助長政去止住頹勢。

不過，這位刺激大和國上下的人物在築起二上山城後第二年，即天文十一年（一五四二）在河內太平寺之戰（今・大阪府柏原市）中被敵對的三好長慶軍擊敗而死，他在大和國的支配終究只是曇花一現而已。他死後，其所修建的信貴山城和二上山城也被大和國領主廢棄，取而代之的便是與木澤長政素有交情的筒井順昭。

雖然木澤長政已死，但大和國的領主也早已無力再起戰事，而筒井順昭在這時便獲興福寺任命，取代原本的古市家成為新的「眾徒」首席。加上獲得木澤長政和背後管領細川晴元的力撐，使得筒井家在大和國一枝獨秀。靠著這些有利條件，順昭在天文十二年

（一五四三）至天文十七年（一五四八）五年間，連續打敗了越智、十市等有力領主，將他們都拉到自己的旗下，眼看大和國領主自行完成統一大業即將成事之際，順昭卻在天文十九年（一五五〇）得急病而死，將後事交給一族兄弟和尚為年幼的獨子筒井順慶面對。

順昭死後九年，即永祿二年（一五五九），三好長慶已經取代了細川晴元，強勢地掌握京畿。長慶承襲晴元的方針，讓手下重臣之一的松永久秀想辦法入主大和國，擴大三好政權的地盤。八月八日，松永久秀率大軍攻入大和國，直指前陣子還如日中天的筒井家，松永大軍攻擊筒井家的老巢家筒井鄉，迫使年幼的筒井順慶出走避難。松永久秀接掌大和國的統治，又修繕木澤長政建造的信貴山城，作為自己的根據地。

筒井家的敗走和松永久秀的到來，令大和國進入戰亂的新階段。自成一國，不聽他國號令的大和國武士領主在接下來的日子裡，生存空間將會越來越小，直至被強大的中央政權吞噬消弭為止……。

到目前為止，我們已經看到了京畿中央及南邊的大和國在應仁文明之亂後的政局發展。下一段將暫時把焦點轉移到另一個政治重心——關東，看看同一時段該地區又是怎麼樣的情況。

第二章

東國潮湧

上——傲闊

飽受應仁文明之亂摧殘的京畿地區經過數年的平靜後，還是回到了內訌、混亂的惡性循環之中。然而，與京畿的戰亂相比，另一個中世日本的政治文化中心「關東」，經歷了永享之亂和享德之亂，一早便處於永無寧日的戰亂之中……。

就在這種周而復始的漩渦看似只會不斷重複的同時，伊勢宗端與長尾為景的出現註定為這個超過半世紀的困境帶來新的改變，並且攜手引領「室町時代的關東」走向「戰國時代的關東」。有趣的是，二人當時萬萬沒有想到，他們的子孫將會成為亦戰亦和的宿敵，甚至共同譜出戰國關東更大、更混亂的戰局……。

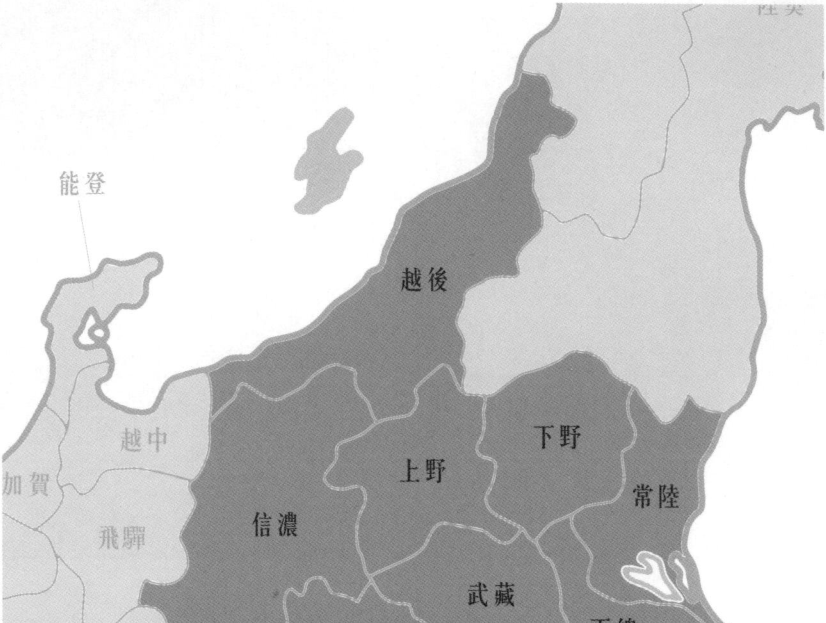

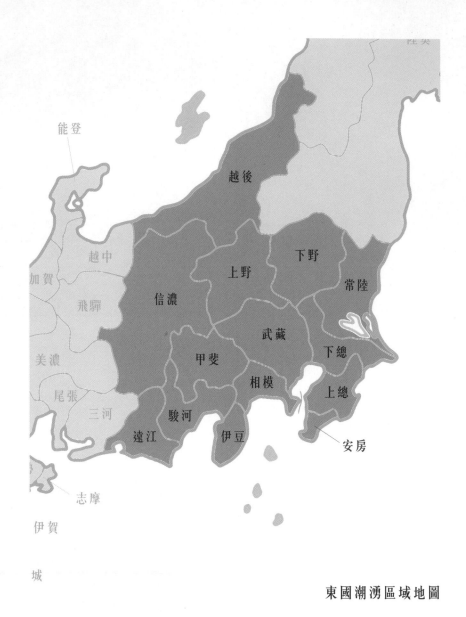

東國潮湧區域地圖

前史：室町時代的關東戰亂

關東之王

在上一章已經看過京畿地區自應仁文明之亂後持續了四十年的混亂，而這一章則將目光轉到比京畿更早、規模更大，情況更為混亂的關東地區，看看那裡的情況。

事實上，關東地區的戰亂雖然比京畿提早近五十年爆發，但從結論上來說，不能因此便認為關東比京都地區更早進入戰國時代，因為關東地區的戰亂存在一個明顯的時代階段界線。詳細留待後面說明，簡單來說就是分成「幕府對公方」的第一階段，這個階段的戰亂嚴格上是屬於室町幕府體制上出現的矛盾，算是幕府內部的政治鬥爭，與後來各自為己的戰國時代的戰爭，即第二階段有所不同。

為了讓各位讀者更加容易理解，這一段有必要就上述的第一階段，也就是關東戰國時代的前史做一個扼要說明，這需要把時間軸撥回到伊勢宗瑞進出關東的五十年前，而有關詳細的戰亂過程，請參閱作者之後的系列作品。

時間回到室町幕府最初期的正平四年（一三四九），幕府的創始人，第一代室町將軍足利尊氏經過深思熟慮，並徵得各方意見後，決定將幕府機關設在京都，開創了日本史上唯一一個以京都為政權中心的幕府。

考慮到關東地區是鎌倉幕府的福地、武士發祥之源，也是包含足利家在內的眾多關東武士的老巢，那裡的武士家族經歷了南北朝內亂洗禮，對室町幕府的期待甚高，就以繼承鎌倉幕府衣鉢為己任的尊氏來說，管治關東是幕府政權能否長治久安的一項因素，對關東絕不能放任不管（圖1-4　鎌倉公方．古河公方．小弓公方家系）。

於是，他決定讓嫡長子義詮一脈出任將軍，由管領為首的幕臣扶持，而次子基氏一脈則在鎌倉開設「公方府」，基氏成為第一代的鎌倉公方，下面有尊氏舅家上杉家世襲為關東管領，輔助基氏和後來的公方。

「公方」的「公」就是公事、國是之意，「公方」也就是泛指執掌國家政治的人物，所以套在當時來說，其實就是「將軍」的另一個尊稱，在實際的史料上也不時看到時人會稱呼京都的將軍為「公方」。

在東方的封建時代，一家之中的兄弟以長幼嫡庶分主次，作為足利家的嫡長子，義詮一脈的家族地位上自然高於弟弟基氏一脈的。因此，京都的室町將軍居長，而鎌倉公方次之，這也是普遍日本的國史教科書在繪畫室町幕府架構圖時，將鎌倉公方置於室町將軍之

圖1-4　鎌倉公方・古河公方・小弓公方家系

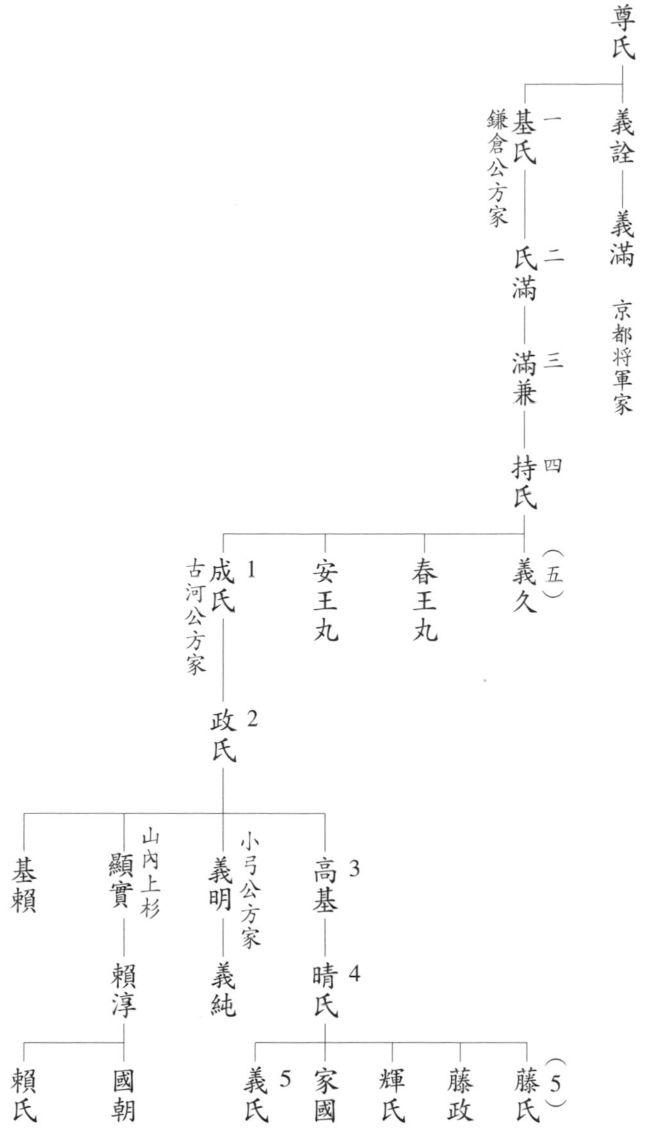

下，與其他的地方管治機構「九州探題」、「奧州探題」並列的原因。
但是，這種理解是不太準確的，起碼並不是一直這樣。雖然如上述所示，義詮、基氏兩脈在足利家內部的主次關係十分明確，但當視野超越了足利家，提升到全國政治的層面，以及武家政權室町幕府的角度時，那就是另一回事了。
這裡有兩個問題，其一是原則上室町幕府的管治權是天皇將大部分權限委託給尊氏，再由尊氏來制定架構及分配權力，於是他決定讓義詮、基氏兩個親生子分管東、西日本。換句話說，兩人之所以成為將軍、公方是因為他們是「尊氏之子」的身份。對於義詮及基氏以外的人來說，不論是義詮，還是基氏，誰都是尊氏之子，都是「王」，並沒有誰取代不了誰的問題，因此在廣義的概念上，「將軍」義詮及「公方」基氏兩兄弟都是尊氏之子，所以都是「將軍／公方」，也就是說，從封建倫理來說，「將軍」家是位高於「公方」家的，但在政治現實來說，當時日本算是存在了東西兩個將軍。因此，後面提到兩家後來大打出手時，京都方要借助天皇發動討伐聖旨作為大義名分，才能夠攻滅鎌倉方，便反映了雙方實際上無法在政治上單獨地否定對方。
隨著時間的流逝推移，兩個將軍的血緣關係只會越來越疏離，親族情結也會越來越淡薄，唯一不變的是對「尊氏子孫」的自覺。兩家的後代都非常明白，彼此既是唇亡齒寒的關係，亦為競爭對手，一旦其中一方後繼無人時，作為「尊氏子孫」又同樣貴為「將軍／

公方」的另一方都將順理成章成為有力的候補繼承人，也意味著一旦這種情況發生，後繼無人的一方很有可能會因此被另一方永久掩埋在歷史長河之中。這種「血脈」與「競爭」相伴的意識促使了後來兩家禍起蕭牆，牽連國家的混亂。

第二，尊氏當初將兩個兒子分立為將軍和公方，說到底是因應戰亂未平，一個兒子無法代勞之下，為了以防萬一，分散危機而做的折衷措施。參與設局的三個人尊氏、義詮、基氏先後死去為止，京都與關東基本上是各不相干，各自為政的狀態，這是因為當時南北朝的混亂未央，兩方還要在各個戰場打拚，沒時間顧及左右之故。

但當初的佈局終究是戰時的非常手段，縱然政治上分屬兩個行政機構，但並不意味著東西日本間所有事情毫不相干。而到了太平時代，兩方都大致站穩陣腳時，相互交流日漸增加，這樣發展下去，兩個「王」總有一天會在「誰才是王中之王」，「誰該聽誰」的政治問題上發生衝突，眼下看似相安無事的格局恐怕將難以維持。

京都 vs. 鎌倉！兩王相爭

尊氏佈下的「分治東西之策」所包含的兩大隱憂，終於到了第三代將軍足利義滿時開始暴露出來。每當京都的將軍家出現危機或不穩時，鎌倉公方總是蠢蠢欲動，擺出一副曖昧不明的態度，始終未敢向京都的「王」作出正面的挑戰。

轉眼間到了兩方的第四世代時，終於來了一次正面交鋒。事緣京都的四代將軍足利義持兒子早死，自己又沒有其他兒子，於是當時就有人提議，讓當時在位的第四代鎌倉公方足利持氏當將軍的養子，一舉東西合璧，也可撫平鎌倉一直以來的鬱悶。

另一邊的持氏本人也覺得是時候「反客為主」，完成歷史使命，達成父祖的心願。然而，京都幕府的幕臣們卻對關東的「王」來做自己主君不以為然，畢竟兩個政治中心合一，所牽扯的政治利害遠比想像中困難且複雜，當時難得天下剛剛太平，幕臣們才開始穩獲利益，自然不想多生枝節，就讓持氏在關東繼續做王便可。

義持也深明幕臣們的想法，於是便將決定權留給了眾幕臣，自己懷著無子送終的遺憾在應永三十五年（一四二八）離開了人世。由於眾幕臣從一開始便沒有考慮過足利持氏這個選擇，也自然沒有想過要幫助持氏完成這個使命，於是他們便通過龜卜的方式「選中」了本已出家為僧的足利義教做新將軍，義教是將軍義持的弟弟。

面對美夢落空，失意又憤怒的持氏便以行動報復，包括不再聽從京都幕府派來輔助自己、監視自己的關東管領的意見，同時大力打壓那些與京都交好，被史學家稱為「京都御扶持眾」的關東武士家族；此外不再拜求京都將軍賜名，改為自己替長子改名做「義久」，與京都將軍的名字改法完全一樣，赤裸裸地表示要讓自己的兒子日後取代京都將軍。以上種種舉動完全不把京都的「王」放在眼裡，以持氏的情況來說，他即使不能成為「王中之王」，也打算自立為「真正的王」。

這種冒進行為不僅使當時的京都人士十分不快，也讓公方座下的關東管領上杉憲實十分頭痛，但又屢勸不聽，最糟糕的是剛在京都當上新將軍的義教決定要「反客為主」，將持氏這個禍根連根拔起，改由自己的兒子去當關東的王。義教此舉從結果上既是繼承祖宗尊氏的方針，同時也是做出了修正：既然兩家血緣已經疏薄，那麼就以換人的方式，重新加強關係即可。

足利義教的構想既現實又針對了當時的困局，但他的「換人」方式就是通過戰爭強制讓持氏下台。這是首次京都將軍用實際行動去著手解決兩王的矛盾，在上面提到兩個王者之爭中，京都方因為沒有十足的政治名分壓倒對方，於是在永享十一年（一四三九）請出了天皇為自己正名，這招一出，立即使鎌倉方無以還擊。

原本持氏想通過繼續打壓關東管領上杉憲實向京都示威，但卻換來幕府出動討伐自己的大軍。僅僅一個月後，持氏及他的長子足利義久便在眾叛親離下被迫在鎌倉自殺，史稱「永享之亂」。接著的一年多內，將軍足利義教打算乘勝追擊，一舉清洗鎌倉公方的餘燼，持續派兵追殺持氏的遺兒並鎮壓追隨持氏的武士家族，爆發了史稱「結城之戰」等大小戰鬥，但基本上第一次的兩王對決是以京都方壓倒性的勝利結束了。

但是，義教卻品嚐不了這個勝利的果實，兩年後的嘉吉元年（一四四一），持氏的其中一個兒子成氏還是成功逃過了義教的追殺，躲到信濃國佐久郡（今・長野縣佐久郡），而另一邊的義教卻在一場酒宴上被幕臣赤松家暗殺。這樣一來，義教重新洗牌的大計突然難產，京都也因為將軍被殺陷入混亂，持續進行的持氏餘黨追殺行動也自然不了了之。

眼見京都群龍無首，關東又失去了主君，於是曾經背叛持氏的關東管領上杉憲實便爭取讓成功逃出生天的足利成氏成為新的鎌倉公方，無時間處理關東事宜的京都也接受了憲實的提議。

第一次的兩王對決原本隨著對壘雙方意外離場而謝幕，但事與願違，第二幕卻驟然開始。家破人亡的足利成氏雖然得到上杉憲實的幫忙，成為新的公方，但其實對上杉家恨之入骨。憲實雖然因為出賣主君持氏而隱退，還命令家族上下不得再問政事，但在幕府的壓力下，長子憲忠還是受命成為新的關東管領。

就這樣，成氏及憲忠懷著早前的仇恨，雙雙重新以公方及管領的身份重建關東，但五年後，成氏依舊找到機會把憲忠暗殺。成氏此舉便引發了不僅是自己跟關東管領上杉家的仇恨，京都的新將軍足利義成（義教之子、後來的義政）也虎視眈眈，打算完成父親用親族取代鎌倉公方的遺志，同時也為自己在眾人面前立威，隨即派出自己的庶兄足利政知進入關東的伊豆國堀越（今神奈川縣伊豆國市），準備在討滅成氏後，立即讓兄長成為新的關東之王。

三方的恩怨就在享德三年（一四五五）開始，爆發了史稱「享德之亂」，關東十國（常陸、下野、上野、上總、下總、安房、武藏、相模、伊豆、甲斐）連同與關東關係密切的越後也因此進入長期的戰爭狀態。事件的關鍵人物足利成氏鑑於鎌倉在戰火下已經成為廢墟，支持者又在利根川以東一帶集結，於是他便遷移到下總國古河（今・茨城縣古河市）成立了古河公方府。

至此，關東地區起初以利根川為界，形成東關東（成氏陣營）及西關東（幕府—上杉陣營）的對壘局面，後來幕府—上杉陣營出現內訌（長尾景春之亂）以及後來京都爆發的應仁文明之亂而陣腳大亂，雙方和戰不定，始終無法給敵對陣營作出致命的打擊。

為應仁文明之亂焦頭爛額的幕府早已對關東的戰事心灰意冷，於是在享德大亂爆發近三十年後的文明十四年（一四八二）四月，與足利成氏達成了確實的和解，以成氏承認幕府方的堀越公方足利政知為條件，幕府也承認成氏的古河公方為合法的政權，古河、堀越以及幕府自此河水不犯井水，圍繞著將軍與公方的長年矛盾也在各方意興闌珊之下做了結，最終還是沒有一方能夠取代對方。

將軍與公方的和解並沒有為關東的戰亂帶來和平，因為局面早已超出了他們的控制，各旗下的武士家族早已因為各為其主而對立起來，這些對立及攻擊並不曾因為將軍與公方的單方面和解而驟然停止，這些問題及仇恨也將一直發酵，並成為後來戰國時代關東爭亂的遠因。然而，從大局來說，將軍與公方和解前後的戰局主導權其實已經轉移到為幕府征討成氏的上杉家身上。

山內上杉家．扇谷上杉家與長享之亂

上杉家當時除了上述的上杉憲實、憲忠的「山內上杉家」（以下統稱為「山內家」）外，還有一支歷任武藏、相模兩國守護的「扇谷上杉家」（「扇谷家」），其外還有犬懸上杉家及深谷上杉家，後兩家在當時已經沒落，在此便不做詳述。另外，與山內上杉家一脈相承，歷任越後守護的越後上杉家也在後來發揮積極作用，但現在的主角還是山內家及扇谷家。他們兩家在長達三十年的享德大亂中受命與成氏陣營對決，因此順理成章地主宰了利根川以西的政治及支配（圖1-5　上杉諸家家系）。

然而，隨著與成氏陣營的爭戰陷入膠著狀態，攻滅成氏這個戰略目標卻一直無法達成，終於對外不能成事，矛盾便從內部醞釀出來了。首先，主導戰局的山內及扇谷兩家先後因為當家與宰臣之間鬧出矛盾，引發了長尾景春之亂及暗殺太田道灌事件；同時，山內及扇谷兩家又因為爭奪區內主導權問題，以及對戰成氏陣營中引發的各種利益糾紛，這些

圖1-5　上杉諸家家系

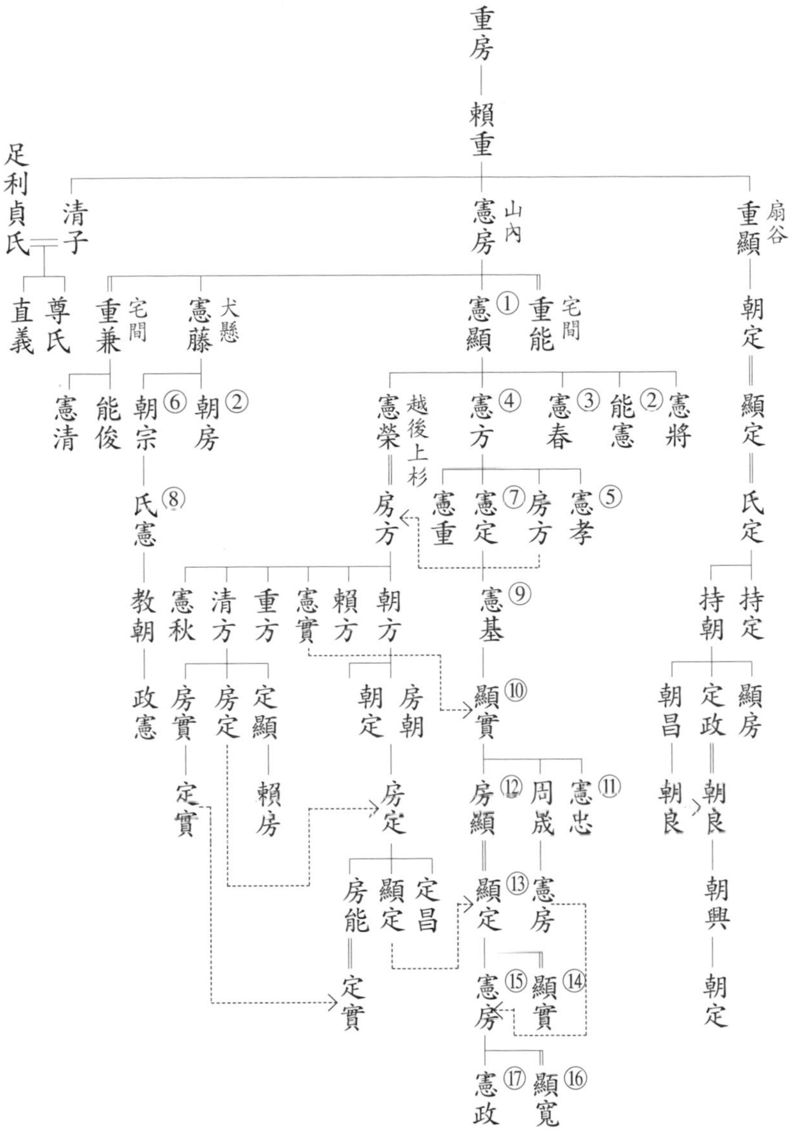
重房
賴重
扇谷
重顯
朝定
顯定
氏定
持定
持朝
顯房
定政
朝昌
朝良
朝良
朝興
朝定
山內
憲房
宅間
重能
① 憲顯
憲將
② 能憲
③ 憲春
④ 憲方
⑤ 憲孝
房方
⑦ 憲定
憲重
⑨ 憲基
⑩ 顯實
⑪ 憲忠
周晟
⑫ 房顯
⑬ 顯定
憲房
⑭ 顯實
⑮ 憲房
⑯ 顯寬
⑰ 憲政
越後上杉
憲榮
房方
朝方
賴方
憲實
重方
清方
憲秋
房朝
朝定
房定
定昌
顯定
房能
定實
定顯
房定
房實
賴房
定實
犬懸
憲藤
② 朝房
⑥ 朝宗
⑧ 氏憲
教朝
政憲
宅間
重兼
能俊
憲清
清子
足利貞氏
尊氏
直義

都使兩家積累了大量矛盾。

最終，享德大亂雖然隨著京都將軍與古河公方和解而曲終人散，但關東地區的戰禍卻進入了新的階段。在五年後的長享元年至明應八年（一四八七至一四九九），以及緊接的永正元年至永正十六年（一五〇四至一五一九）間，關東緊接爆發了兩次戰亂。前者的戰亂是由「長享之亂」及「明應之亂」組成的，由於時間相距不久，這裡統稱為「長享明應之亂」，而後者則是被史家稱為「永正之錯亂」的大混戰。

這兩次關東的內亂合起來長達三十二年之久，與之前近三十年的享德大亂不同，長享明應之亂開始的戰亂都不是為了執行幕府的關東政策而造成的，這是一場以山內及扇谷兩家恩怨的對立為開端，相關所屬的上野、武藏、相模也隨之起亂的大混戰，而後者的「永正之錯亂」，則是由享德大亂的主角古河公方足利家的內訌以及越後國的內亂為中心的，也是象徵著關東走進戰國時代的重要契機。

更值得留意的是，屬於長享明應之亂後半場的明應二年（一四九三），本章的主角之一伊勢宗瑞（北條早雲，以下統稱為「早雲」）奉將軍足利義澄及管領細川政元之命前來關東攪局，不僅在結果上使幕府在關東的影響力至此消失殆盡，卻造就早雲他自己在南關東的崛起。還有，本章另一個主角長尾為景則在「永正之亂」中，以殺主換主，以下犯上這個最根本的方式昂然走入戰國時代的歷史舞台，為他的兒子——越後之龍上杉謙信日後叱吒東日本鋪好紅地毯。

因此，為了更好地明白首先登場的早雲所面對的環境，這一節的最後稍稍整理一下「長享明應之亂」上半場的「長享之亂」的經過。

乘著扇谷上杉家暗殺了宰臣太田道灌，引發了南關東的內亂，山內上杉家乘機從北關東發動了進攻，兩軍在長享元年（一四八七）底於下野國足利郡的勸農城（今・櫪木縣足利市）展開了攻防戰。及後的長享二年（一四八八）正月，山內家入侵扇谷家的屬國相模國（今・神奈川縣東部），爆發了第一次對陣——實蒔原之戰，接著兩家又先後在同年的六月及十一月，於武藏國北部，也就是兩家領地的邊界附近的須賀谷原及高見原展開了兩次會戰。前者是以山內家攻擊扇谷家的據點河越城（今・埼玉縣川越市）為契機，後者的起因則是扇谷家展開反擊，攻擊山內家的重鎮鉢形城（今・埼玉縣寄居町）。

然而，兩家在這三場合稱為「關東三戰」的戰鬥中只能說是互有攻守，並未分出勝負，主戰線也因此由相模、武藏，東移至武藏至房總半島（今・千葉縣北、茨城縣南）一帶。然而，「關東三戰」後始終沒有一方能夠獲得決定性的勝利，最終兩家在延德二年（一四九〇）底停戰。

雖然「長享明應之亂」的上半場「長享之亂」至此暫告一段落，但顯然這次的停戰只是一時的，當時人都觀望兩家很快便會再挑戰刃。然而，就在兩家停戰後的翌年，即延德三年（一四九一）四月，早已被關東各界遺忘的堀越公方足利政知突然死去，當時據說政知死狀有異，極有可能被毒殺。這個曾經被幕府指定做新的鎌倉公方，時稱「關東主君」的堀越公方，最後也成為了政治妥協的犧牲者，大志未酬，只能苟安在伊豆國，被稱為「豆州御所」。然而，他的死亡其實揭起了新一場震撼關東的戰局。

前章提到，政知的突然死亡後，他的長子足利茶茶丸心急奪位，在父親屍骨未寒之時，便派人殺害了自己異母弟弟潤童子。茶茶丸的奪位行動引來了早雲從駿河出兵來襲，改變了關東戰亂由兩個上杉家對戰的劇本，也真正開始了戰國關東的篇章。

異國凶徒

早雲的使命與今川家內亂

首先要介紹一下這個堪稱「戰國第一名風雲人物」的伊勢宗瑞。世稱的北條早雲，正確地應稱他為「伊勢宗瑞」（本書姑且略稱他為「早雲」），各位讀者也可能聽過，他便是後來草創關東最強戰國大名後北條氏百年霸權的祖先。這個堪稱亂世梟雄的人物來歷在江戶時代以來都不是十分清楚。從前人物便認定他是一介浪人，隻身到關東開創霸業。

然而，這不過是配合當時活於身分階級十分嚴格的江戶日本人及開國後的明治的人對戰國亂世的想像，他們的印象中認定當時一定是機會處處，絕處逢生的時代。

經過了史學界多年的考證後，現在已經大致地否定了早雲是一介浪人的說法，他其實是備中伊勢家出身的武士，備中伊勢家是室町幕府政所執事（幕府的財政官員）伊勢氏的親族，備中伊勢家本身也是代代擔任將軍的近臣，負責處理將軍與朝廷、大名們外交事宜的重要一員。

由此可見，早雲的生家其實是顯赫有來頭的武士家族，根本不是一介浪人。年輕時期的早雲叫伊勢盛時，他與父親伊勢盛定一起在京都侍奉將軍，同時又跟管領細川家關係良好。而且，早雲的母親是宗家伊勢家出身的，換言之，早雲父母的婚姻是締結伊勢家宗家與庶家聯誼的產物。另外，族人之中也有人跟駿河國的守護今川家有交情，很可能是因為這些緣故，當時的今川家的當家今川義忠便在應仁元年（一四六七）左右迎娶了早雲之姊為正室，尊稱為「北川殿」。這對於今川家來說，迎娶將軍近臣之女為妻，有利自己家族與幕府的交流及關係，是極具政治意義的政治婚姻。另一方面，從早雲日後的命運來看，這一樁婚姻可說是改變他一生的大事（圖1-6　今川—北條家系）。

為什麼呢？當時早雲一家雖然貴為幕府近臣，但即便如此，近臣的俸給不多，而且由於常時留在京都，無法親自管理領地，那時候正值應仁文明之亂，京都兵荒馬亂自不待言，老家的備中國當地大小領主趁虛而入，領地經營捉襟見肘，他的父親也於戰亂未止的文明六年（一四七四）變賣了部分財產，可見他們的財政狀況已經出現了危機。

另一方面，嫁到駿河的姊姊北川殿也遇到了巨大的危機。文明八年（一四七六）二月，也就是早雲的父親盛定窮的要變賣家當的兩年後，北川殿的夫君今川義忠在出征遠江國（今．靜岡縣西部）後，於回程途中遭到伏擊，不幸戰死。今川家頓時群龍無首，也必須

圖1-6　今川—北條家系

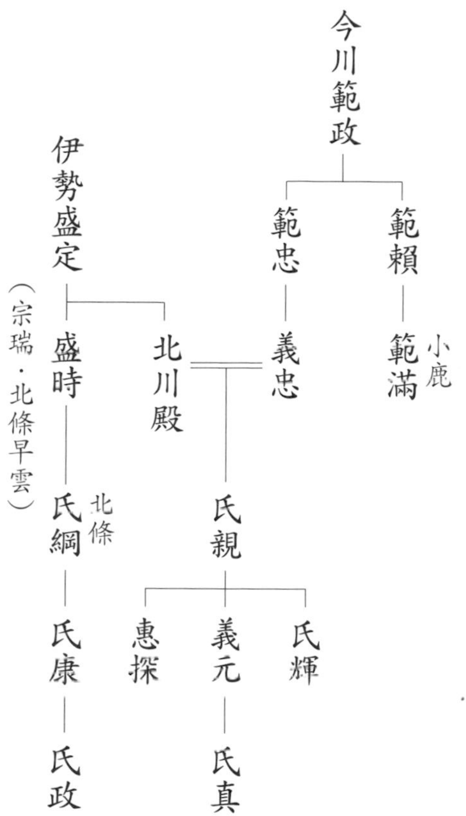

決定繼任人是誰。

當時，北川殿與義忠之間有一女一子，長子龍王丸（後來的氏親）才六歲，北川殿母子三人可謂是孤兒寡婦，今川家內部又有另一股勢力想擁立義忠的同族兄弟小鹿範滿做新當家，背後又有鄰國相模守護扇谷上杉家及堀越公方足利政知撐腰，氣勢一時無兩。

扇谷上杉家及堀越公方介入今川家的家事，是跟前段提到的與古河公方的戰爭有關。他們企圖將小鹿範滿扶上位後，可以拉攏今川家加入自己的陣營，對抗古河公方之餘，堀越公方府也可以得到今川家的強大支援，有利以實力成為關東之王，所以兩家明顯是志在必得的，甚至扇谷家當時已經派兵到駿河，準備「主持大局」。一旦成事，北川殿母子三人很可能便會被殺，三人的情況十分危急。就在這個時候，早雲忽現出現在史料中，那時的他已在駿河協助姊姊主持大局。

雖然在史料上沒法確定早雲是怎樣，和在什麼時候到了駿河，但根據《今川家譜》的記載，早雲當時只是碰巧來了駿河，也碰巧地遇上了今川家的內亂。然而乍看之下，這顯然不是偶然的，眼見小鹿陣營來勢洶洶，北川殿尋找幕府作後盾的娘家出面也是情理之中。因此，可以想像早雲到達駿河的時間應該在義忠戰死後不久，而且是專程前來幫助姊姊及外甥龍王丸的。

雖然如此，但對手好歹也是前將軍足利義政之弟弟、世稱「關東主君」的堀越公方的足利政知，還有扇谷上杉家。即使是將軍近臣，也不是縱橫無阻的。很可能是這個原因，雙方最終達成協議，先由小鹿範滿暫代當家之位，直至龍王丸成年為止。

確定暫時和解之後，早雲也暫時離開了駿河，回到京都請求當時的將軍義熙發出御教書（將軍命令狀），藉此保證幕府承認龍王丸為今川家的合法繼承人，以鞏固先前與小鹿陣營的和議效力。

然而十一年後的長享元年（一四八七）十一月，也就是關東的扇谷、山內兩家正要展開對戰時，今川家又再發生不穩，雖然詳細經過不見於史料，但根據上述的《今川家譜》的說法，那是由於小鹿範滿沒有按當年的約定，讓龍王丸正式成為當家，於是早雲以及龍王丸的家臣便出兵將範滿殺死。

也有說法指，事件跟當時關東的扇谷、山內兩家的對立有關，山內家為了不讓親扇谷家的小鹿範滿成為真正的當家，影響勢力均衡，於是暗中支持龍王丸及早雲剷除範滿陣營。如果這說法可信的話，便更好地說明了隨著時局的變化，今川家的內亂已經不止於駿河國的政治問題，更受到了鄰接的關東地區的地緣政治影響，使問題更加複雜化。

推倒堀越公方

隨著範滿陣營被殲滅，今川家的內亂得到平息，十七歲的龍王丸正式成年，改名為今川氏親，也就是後來東海道霸主今川義元的父親。早雲也因為擁立氏親有功，又是氏親的親舅舅，於是任命早雲擔任位於駿河國東邊的據點興國寺城（今‧靜岡縣沼津市）的城將。考慮到興國寺城鄰接伊豆國，而今次的大亂平息等於與支持小鹿範滿的扇谷、堀越兩方結下矛盾，所以早雲被委派到興國寺城，事實上就是去充當應對扇谷、堀越的前線人員。另外，早雲也以新當家之舅，以及幕府近臣的名義，負責輔助氏親治政，直至翌年回京為止。

由此可見，派早雲到興國寺城一事本是出於今川家的算盤，但到後來也恰恰方便了早雲。這是什麼一回事呢？請大家回想前一章，我們提到了管領細川政元與堀越公方足利政知於明應政變前便合謀，讓政知與正室圓滿院所生的兩個兒子義澄及潤童子分別當上將軍及新的堀越公方，後者繼而再將古河公方擊敗後，成為新的「關東之王」＝鎌倉公方。

當然，在長享元年之時，政元還沒推倒足利義稙，他也還沒跟政知勾結，早雲也在安頓了氏親後，於長享二年（一四八八）暫時回京，繼續當幕臣。但三年後的延德三年（一四九一）春天發生的足利政知暴斃以及後來的茶茶丸殺弟事件，使政元與政知完成了一半的計劃宣告難產，政元整個計劃便無以為繼，但按現時所得史料來看，從茶茶丸殺弟之後，到早雲在明應二年（一四九三）秋天從駿河興國寺城攻入伊豆堀越的結果，早雲的行動明顯與同年初的明應政變有互動關係。換言之，身為幕臣的早雲很可能是受到同年成為將軍的義澄所托，要對殺弟自立的同父異母兄長茶茶丸展開軍事行動，也就是說，早雲突然到駿河提兵攻入伊豆，並非自己想另創霸權，而是執行新將軍義澄的報仇大計。

然而，這裡要明白的是，考慮到早雲與駿河、關東建立聯繫的原點是由於今川義忠戰死，這個客觀事實並非早雲可以左右及預知的，因此，我們可以斷定，早雲初次到駿河時並沒有夾帶攻入關東的打算，完全是出於救援親姊，後來的一切都是順應及後的事態發展，以及細川政元的安排而來，所以早雲也不過是政元的一個棋子罷了。

這裡大家可能會問，早雲攻入伊豆，對付茶茶丸之後，再併吞豆州一事都是幕府默許的嗎？另外，關東的山內、扇谷上杉家就一定會坐視不理嗎？

有關後者，雖然真的沒有史料以資證明，但是從入侵豆州，趕走了茶茶丸後的種種跡象來看，山內、扇谷上杉家的確是坐視不理，而且早雲當時僅帶自己手下的兩百個家臣及兵士入侵豆州，史料上又看不到外甥今川氏親有公開的支援，早雲的行動除了得到「某種」保證外，便沒有其他可能讓山內、扇谷上杉家默然不動了。這個保證除了來自幕府之外，便沒有其他的可能了。

當初的今川家內亂時，早雲為今川氏親與足利政知及扇谷上杉家達成和解時，也順便領收了政知賜與的領地，這個說法雖然也沒有史料佐證，但考慮到本書屢次提及的細川政元的政治藍圖，早雲與政知其實是屬於同一陣線的，如今政知離奇死亡，茶茶丸又殺弟自立，早已沒有大義名分，這恐怕也是另一個導致上杉家坐視不理，靜觀其變的原因吧。

另有說法指，當時扇谷上杉定正選擇與早雲聯手，牽制了山內上杉顯定的行動，使其不能派兵到伊豆，並且換取與早雲在事後繼續聯手對抗山內顯定。事實上，山內家原本便是伊豆國的守護，足利政知奉命來到伊豆後，山內家便借出伊豆國讓其有棲身之所。茶茶丸之亂時的關東也正值山內、扇谷兩家暫時停戰之時，雖然間中有些小衝突，但兩方都不敢輕舉妄動，結果便有利了早雲攻入伊豆。

無論如何，早雲的任務似乎便是要完成義澄的心願，將茶茶丸趕盡殺絕。早雲趕走了茶茶丸後，進入了伊豆西部，不少當地的豪族也選擇歸付，而當時盤踞在伊豆東部的伊東氏、中部的狩野氏及東南部的關戶氏等則繼續抵抗。早雲一邊穩步地經營伊豆西部之餘，在接下來的五年間，一步一步的向伊豆國東部擴張，另一方面又繼續落實與扇谷定正的合作，進出相模國（今・神奈川縣西部）之餘，還要支援外甥今川氏親出兵遠江國（今・靜岡縣西部），繼續亡父未完成的遺志。

治伊豆、吞相模

伊豆西部的堀越、韮山兩地的領主在茶茶丸戰敗後，很快便歸順了早雲。這恐怕是因為早雲在攻入伊豆前已做了相應的外交工作奏效所致。但是，中部及東部的豪族還在抵抗，早雲在出兵相模、遠江的期間通過壓力及外交等手段，終於在明應六年（一四九七）先後將東部的伊東家及狩野家收降及打敗，最後剩下東南部的關戶家也因發生在明應七年（一四九八）夏天，波及相模、伊豆一帶的明應大地震及海嘯而受影響，在無法組織足夠的反抗兵力下，被乘機入侵的早雲所滅。

據文獻史料及考古調查的結果顯示，是次的明應大地震是一場規模極大，破壞力特強（估計達黎氏八級以上）的特大天災，波及範圍橫亙整個東海道地區，直達南方的紀伊半島；連同它引發的海嘯，幾乎淹沒了相模灣沿岸各鄉村、海港，死傷者不計其數。關戶家便是在同一年被早雲擊敗，似乎與地震受災有關。

無獨有偶，在上述的明應七年大地震前三年，即明應四年（一四九五）八月中旬，相模國地區也同樣發生了強度較少，但同樣引發海嘯的大地震，小田原及鎌倉的沿岸一帶都被海嘯侵襲，早雲就在災後的九月左右，在出征甲斐國的途中，轉為入侵了相模國小田原城（今・神奈川縣小田原市）的大森家，大森家是山內家的家臣。

當然，史料之間的記載是存在一些矛盾的，但目前看來，早雲的確在完全平定伊豆國之前，便已經將兵鋒對準了相模國，而且按照上面的記載，以及伊豆國關戶氏的滅亡時間來看，早雲恐怕是重複利用了兩次的天災對不同敵人造成的打擊，乘機出兵將對手打敗。

但是，一旦開啟了介入扇谷、山內兩家的對戰，便不再容易抽身了。在入侵小田原城後第二年，即明應五年（一四九六）七月，早雲再次連同扇谷軍出兵相模國，但卻被山內軍大敗，小田原城是否得而復失並不能明確肯定，但此次戰敗後至明應九年（一五〇〇）為止，早雲都集中精力整治伊豆國內的內政及剩餘的敵對勢力，恐怕早雲真的暫時掉了小田原城吧。

不過，整治伊豆國方面最終還是成功的，最重要的是躲在甲斐的足利茶茶丸終於走投無路，在明應七年（一四九八）八月被迫自殺，自此，在伊豆苟且偷安二十年的堀越公方府也終於走到了歷史路的盡頭了。另一方面，面對堀越公方府完全滅亡，原本不為所動的山內和扇谷兩家都感到有需要改變策略，於是便在第二年再次暫時停戰，在背後蠢蠢欲動的古河公方足利政氏（成氏之子）也見狀暫時撤退回到古河，靜觀其變。

那麼，已經完成原本的使命的早雲剩下來可選的路只有兩條：一是就此放手，要不回到駿河協助年輕的外甥，要不回到京都；二是繼續目前闖蕩關東的險途。雖然早雲沒有說明，但結果上他選擇了後者的同時，仍然盡力照顧好他的外甥。

不過，從結果來看，平定伊豆只是意味著關東的局勢進一步改變，而且逐步擴大到東海地區。文龜元年（一五〇一），早雲協助氏親出兵遠江，意圖一舉打倒宿敵．遠江守護斯波義寬。義寬也自知大難臨頭，於是請來了信濃守護小笠原家，還有山內上杉家從外圍進行支援，這樣，原本集中在關東的局勢終於使東海、關東地區連動起來，形成巨大的戰區。然而最終也是今川家獲取勝利，基本上將遠江大部分都拿下來了。

然而，這裡要留意的是山內上杉家再次強勢起來的事實。尤其自從早雲「巧取豪奪」拿下伊豆後，自覺威脅迫近的山內顯定決心要阻止早雲的進犯，於是積極參與打擊早雲，連帶今川氏親的軍事行動。

雖然顯定在永正元年（一五〇四）九月底的立河原之戰中大敗給早雲及扇谷朝良，但憑藉在越後當守護的弟弟房能提供支援下，顯定在第二年（一五〇五）三月趁扇谷家內亂時發動反攻，當時早雲因為正在隨氏親遠征三河，對扇谷被攻打也是鞭長莫及，終於熬不過山內軍猛攻的扇谷朝良被迫投降，並且出家退隱，這象徵著自長享元年以來的扇谷・山內兩家的鬥爭，最終以山內家的勝利告終。這個結果不僅使扇谷家完全附從於山內家，還同時使扇谷家由支援早雲，變成與山內家一同對抗早雲。

縱使兩方之間之後時戰時和，但從今後的發展來說，也促成了早雲及後北條家正式硬闖關東的序幕。直到早雲之孫・北條氏康在天文十五年（一五四七）的河越之戰大敗扇谷、山內上杉家為止，「兩上杉對伊勢（後北條）」的格局基本不變，而關東——東海以至甲信的「東國」歷史已經翻開了新的一頁。

就在這個時候，另一顆戰國時代的新星已經悄然乍現於雪國越後了。

橫空出世

越後國永正內亂

就在「新移民」伊勢宗瑞（早雲）從駿河借故闖入南關東，引起一陣風暴的時候，關東的大後方越後國（今・新潟縣）、還有東關東的古河（今・茨城縣古河市）也分別出現暗湧。

當時剛就任越後守護代的長尾為景公然地起兵反抗，並且打倒了自己的主君・越後守護上杉房能，使越後以至上野一帶一片騷然。

與此同時，一直試圖恢復榮譽的古河公方在這時候也出現家族內訌。當時的古河公方足利政氏（成氏之子）與兒子足利高基出現矛盾，高基想早日繼位，於是便與有姻親關係的下野國宇都宮氏聯手，密謀以實力奪得大位。

以上的兩大亂事幾乎同一時間發生，致使北關東及東關東幾乎亂成一團，而這裡便有一個人正正被這兩大漩渦弄得焦頭爛額，最後還賠上了性命，他就是當時關東的巨星──關東管領山內顯定。究竟是怎麼一回事呢？在這之前有必要先交代兩大亂事的背景，這節我們先說一下越後的情況。

首先，越後國是日本諸國中面積第三大的國，由於領域狹長，又被低地、湖泊、河川所隔，越後國事實上分為上郡、中郡（今·同縣新潟市、長岡市一帶）及下郡（今·同縣胎內市、村上市一帶）三大區域，而越後守護上杉家的根據地（守護所）設在最為富庶的上郡府中（今·同縣上越市）。

因此，雖然貴為初代將軍足利尊氏的舅家，又是京都出身的貴族之後，但越後守護上杉家的控制主要在上郡，對於中郡及下郡的控制並不十分強固，這個地理因素也一直到了後來的上杉謙信為止也沒有更大的改變。

第一節提到過室町時代發生的永享之亂中，代表幕府與鎌倉公方對戰，並且奉幕府之命殺害公方足利持氏的關東管領上杉憲實屬於上杉家的宗家·山內上杉家。一如前述，經過打倒鎌倉公方，又於後來跟古河公方作長期對戰後，山內家及另一支扇谷家已經慢慢積聚了力量，並在伊勢宗瑞（早雲）登場前便形成了爭雄的局面。

事實上，上杉家家族的分枝眾多，勢力範圍遍及幾乎整個關東，就連越後守護也由山內上杉家的庶家來擔任，山內上杉家及越後上杉家的關係之緊密自然不言而喻。

前面提到的關東管領山內顯定本來便是越後守護上杉房定的二兒子，哥哥定昌原本便已經過繼到山內家做當家的，後來定昌因事自殺，於是便由二弟顯定再過繼到山內家做新當家；至於剛才提到被長尾為景殺害的越後守護上杉房能便是顯定的親弟弟。因此，即使在南關東再怎樣爭霸，得知親弟弟被家臣殺害的顯定便趕快與扇谷家停戰，立即轉頭展開報仇之戰。

那麼，為什麼堂堂的守護會被守護代殺害呢？其實事件的背後跟山內家在關東爭雄很有關係。前面提到兩上杉家跟古河公方一直處於對戰狀態，身為山內家庶家的越後上杉家也一直做為重要支援，派兵協助山內家。長期的遠征除了兵力外，自然更需要穩定及更多的收入。於是，取代兩位兄弟繼承越後守護的上杉房能剛上台便推出了檢地政策，以及廢止「郡司不入」政策。

所謂的「郡司不入」，或者後來今川家的「守護使不入」，就是一種否定守護派人進入莊園等特定地方捉拿犯人以及土地調查的一種治外特權，後者一般改由該地的領主自行管理，以及交出約定的年貢或力役。因此，取消了「不入權」，配合檢地措施，便能夠加強徵收田稅，為增加兵力及軍糧提供保障。

然而，這對提供兵力的領主來說，便是一項加重負擔的政策了。因為這些政策使守護能夠更輕易進入與自己有關的領地進行調查的話，不僅兵力不能少報，同時這種政策一旦成事，也意味著領主的權力將被守護削弱。

所以，當時的領主們，尤其是早已飽受連年出征之苦的領主們都對房能的新政策頗有怨言，而與守護關係最淡薄的下郡領主們也立即反應起來，對房能進行反抗。不妙的是，強勢打出收奪政策的房能鎮壓下郡叛亂失敗，只能暫時停戰，並敗退回府。另一方面，房能又要繼續為兄長顯定助戰，國內的矛盾暫時處於不了了之的狀態。

就在這個時候，另一個關鍵的事件突然發生了。永正三年（一五〇六）九月，原本負責在守護及領主們之間居中協調，又資深老到的守護代長尾能景在協助平定加賀國的一揆途中，在越中國中伏戰死。

如此一來，越後國內便出現了權力真空，親近守護的領主試圖肅清長尾能景的家族，然而，這時候年僅十八歲的能景之子長尾為景果敢應戰，打敗了這些敵對勢力，成功接掌了守護代之職。

為景這個初生之犢以這種殺氣騰騰的方式進入歷史舞台，注定要在越後國引起風暴。他在成功成為守護代後，守護房能及他的家臣或許對為景的出現感到威脅，於是便在永正四年（一五〇七）趁為景陣腳未穩，立即出兵打壓。豈料早有大計的為景已早一步做了準備，他首先擁立了同為上杉家一族出身的上條定實為新守護，並且帶著定實去攻打房能。冷不及防的房能雖然率先逃脫，並打算到上野（今．群馬縣），投靠在那裡的兄長顯定，然而最後還是被為景的追兵包圍，最終在貼近越後．上野邊境的天水越山谷兵敗自殺。原本跟房能不和的下郡領主中對支援哪一方的問題上出現對立，反為景派於是試圖尋求山內顯定出兵支援。

另一方面，為景打倒房能的計劃早有準備，起兵成功後，早早便派人送錢給兩個對立中的將軍足利義澄和義稙，成功爭取幕府承認了上杉（上條）定實做新守護。剩下來的問題便是繼續打擊反對派，以及準備顯定前來報復了。

這時候的顯定由於關東戰亂未止，為景又與一直與山內顯定有矛盾，控制了通往越後要地沼田、白井的長尾景春聯手，致使顯定未能立即出兵報仇；更麻煩的是，這時候顯定還要處理另一件棘手的政治事件，那就是上述的古河公方內訌。

古河公方之永正內訌

自從文明十四年（一四八二）四月，古河公方足利成氏與幕府暫時停戰之後，東西關東獲得了一時的安寧，原本屬於主從關係的古河公方與管領上杉家也得以相安無事。但五年後的長享之亂爆發以後，山內、扇谷兩家的內戰便改變了關東戰局。上面提到古河公方足利成氏由於在停戰後，把精力放在穩固在東關東的地盤，在長享之亂中不過是一個配角，也因為這個原因，古河公方在長享之亂的立場前後搖擺，成氏的時期是跟扇谷家合作，對抗山內顯定，但他的兒子足利政氏繼位一年後的明應三年（一四九四）底開始，便顯露出轉向支持山內家的意志。

配合伊勢宗瑞（早雲）在同時期進出南關東，整個關東全陷入了多重對立之中，而足利政氏也一直堅持依賴山內家的方針。

可是，問題再又出現了。永正三年（一五〇六）初夏，政氏的長子足利高基對父親政氏借山內顯定膝下無子，將自己的弟弟改名顯實，送到山內家做養子。高基對父親與山內家過從甚密感到不安，覺得會使原本支持古河公方家對抗山內家的一些領主感到不滿，進而影響到古河公方家的榮譽。所以，高基認為要由自己上位來修正這個錯誤，他便在岳父宇都宮成綱，以及下野、南常陸的領主如結城家、小田家等的支持下，突然離開古河，跑到宇都宮準備舉兵奪位。

這場古河公方家的父子之爭不僅使東關東也形成南北分裂，也同時影響到西關東的戰局。因為堀越公方已被伊勢宗瑞（早雲）所滅，扇谷與山內兩家對打時，有必要請出當時唯一的關東政治權威以正其身，山內家便在當時得到了古河公方的「加持」，有利打擊扇谷家的政治名分。

可是，現在古河公方父子出現鬥爭，這個權威一下子打了折扣，山內家也受到連累。山內顯定必須盡快平息，才能避免內亂影響到西關東的戰局。因為扇谷家為了對抗山內家與公方家聯盟，已經選擇與早雲聯手了。

衝動行事的高基並沒有得到東關東一帶的領主們支持，而面對當時關東最強大的山內顯定也出面調解之下，高基迫不得已，只能回到古河向父親請罪。不過，這次的和解只是高基的權宜之計，他其實一直等待再起之機。

三年後的永正六年（一五〇九），高基又再一次忍受不了父親政氏的政治方針，也覺得自己已經足夠實力打倒父親了。但是這一次還是被顯定（當時出家，法號「可諄」）打住。特別是當時顯定心急要為弟弟房能報仇，如果背後再出差錯，這肯定會引起大麻煩，而且會打擊到山內家一直務求穩定關東的方針，甚至打擊到自己的政治聲望。於是，顯定這次還是先下手為強，主動地向古河家內做工作，通過古河家的家臣來勸阻高基起兵生事。

另一方面，顯定也沒有停下來等待結果，他又向剛剛屈服的扇谷朝良做工作，慎防朝良借機在背後搞小動作。還有，讓剛倒向山內家的前扇谷家的家臣大森家在相模做好守備。

最後，顯定在同年初春把阻路的長尾景春趕出白井後，終於排除萬難，做好十全準備打通了北上越後的道路。然後，他誘使了靠近上野邊境的越後領主們倒向自己，等待萬事俱備之後，顯定便帶同養長子上杉憲房在七月底出動大軍，迅速在八月初便拿下越後府中。

長尾為景聞得顯定大軍殺過來後，便立即帶守護上杉定實逃到越中暫避，只指示越後國內的餘黨進行一定程度的抵抗。就這樣，圍繞著越後守護的政治危機似乎得到了解決，但事實證明，這才是走向高潮的開始，也是見證關東一代巨星的殞命。

關東管領之死

永正六年（一五〇九）八月，顯定大軍浩浩蕩蕩地北上展開復仇之戰，並且指令越後各地的領主起來攻擊屬於為景派的領主。其實，顯定原定快速奪下府中後，肅清乾淨那些與為景結黨的領主，再扶立出一個新的越後守護，然後回到上野的大本營，繼續經營關東。

然而，另一邊的為景也不是省油的燈，逃到越中國宇津倉的為景及定實指令同陣營的村山直義在頸城郡以西的糸魚川（今・新潟縣糸魚川市）附近繼續抵抗，另外在蒲原（今・新潟縣新潟市）的山吉氏及同族的古志長尾氏在中郡也起兵反抗。

此外，指示村山等人繼續努力抗戰外，也開始廣行外線反包圍的戰略，希望從外部逼迫顯定知難而退。首先，為景聯絡了跟自己有姻親關係的北信濃的高梨家，從信濃、越後接壤的邊境地區進行抗戰，接著又要求下郡領主之一的築地家也起兵對抗支持顯定的同郡領主。

當然，顯定陣營也沒有輕心大意，在努力討伐為景派勢力的同時，特意選擇在越後府中度歲，積極向外宣傳自己已經掌握了越後。這個消息就連當時遠在京都的將軍義稙和朝廷貴族都得知，可見雙方除了軍事上的攻防戰外，在外交戰上也毫不示弱。顯定與為景陣營在越後各地展開了大大小小的陣地戰，並沒有因為顯定大軍來勢洶洶，殺氣騰騰，使戰局一舉安定下來，整個越後國卻因此陷入了兩方分裂膠著的局面。

可是，到了永正七年（一五一〇）四月，顯定的計劃悄然出現暗潮。為景陣營率先為這個局面做出了突破，鑑於越中越後的邊境處於混戰狀態，為景作出重大調整，利用海路從越中經北面的佐渡島，再迂回在中郡的重要港口蒲原津（今・新潟縣新潟市）登陸，並且成功在同月二十日趕走了當地的顯定勢力。

蒲原津自古以來便是越後國重要的政經中心之一，同時又是越後國的交通樞紐，是與上郡的直江津齊名的物流要點和重要港口，在後來的戰國史中也將成為左右越後國的一個重地。更致命的是，由於蒲原津地理上更貼近魚沼郡，即與上野接壤的國境地帶，為景拿下蒲原津，有利切斷顯定的退路。

所以，顯定得知這個震撼消息後，當然無法坐視不理，於是他立刻命令關東的家臣派援軍北上助戰。可是，恰恰在這時候，一直做為為景陣營之將，在越中越後邊境抵抗的村山直義成功確保了邊境地帶的控制，五月至六月，盤踞在南關東的伊勢宗瑞（早雲）好像配合為景行動一樣，趁為景到達蒲原，顯定出現危機之時，率兵穿過相模，直指武藏國西部的椚田城（今・東京都八王子市）；又慫恿不服扇谷朝良順從山內家的扇谷家臣上田家舉兵起事。

更為糟糕的是，同樣好像是看準了顯定在越後出了麻煩一樣，古河公方父子又在五月出現對立，而且這次不止是高基起事，就連他下面的一個弟弟足利義明也跑到武藏國太田城舉兵反抗父親政氏和兄長高基，換言之，古河公方府現在出現了三方分裂的最壞局面。

不論是早雲的乘虛而入，還是古河公方府三番四次鬧矛盾，這都迫使顯定必須決斷是否放棄越後的戰事，盡早回到關東主持大局。

其實，顯定得知古河公方府出事後，已經萌生出早日回關東的意思，然而，顯定仍然希望在回去前一舉安定越後的戰局。一開始，顯定方也是有所斬獲，為了阻止為景南下，顯定陣營在蒲原郡藏王堂、三條一帶進行反擊，但後來因為原本支持顯定的上條上杉定憲倒戈，使顯定方失去另一個重鎮寺泊城及寺泊港（今．新潟縣柏崎市），使之前的努力付之流水。

接著，為景軍在六月十二日進迫椎谷（同上），並於那裡大敗顯定兩個養子上杉憲房、上杉憲明所率領的守軍，憲明戰死，憲房僅以身免，為景軍乘勝追擊，在椎谷之戰後直接進軍府中。收到消息的顯定自知身陷險境，而且大勢已去，打算先回上野重整旗鼓。然而，就在八日後的六月二十日，顯定跟他弟弟房能一樣，已經到達距離越後．上野邊境只有數里之遙的上田莊長森原（今．新潟縣南魚沼市）的時候，被為景軍的追兵趕上了。

於是，寡不敵眾的他跟兩年前在這附近的天水越山谷身陷絕境的弟弟房能一樣，終究沒法全身而退，在長森原被迫自殺，終年五十七歲，他的首級被為景軍拿下。就這樣，在關東氣勢一時無倆的關東管領為弟弟報仇之戰，最終也就此結束。

顯定戰死的消息傳出後，關東的武士領主們，甚至遠至千里之外的京都貴族都大為震驚，顯定的軍隊雖然在長森原被殲滅，但在椎谷之戰中成功逃出的養子憲房仍然率領殘部試圖堅守，但當他聞得養父戰死後，立即率部撤到上野的大本營白井城。這不僅是憲房為免自己陷入圍殲的危機，還有顯定的戰死造成山內家當家之位突然懸缺，憲房與另一個留在上野的義兄弟上杉顯實（古河公方足利政氏之弟）將展開爭奪繼位權的對決。

在這之前，憲房安全回到上野後，首先要做的是向幕府申訴為景的胡作非為，希望幕府能夠下令討伐為景及定實，以方便自己為養父顯定報仇。然而，幕府一直不作回應，這是因為為景陣營早已做好外交工作，與當權的管領細川高國搞好關係。

因此，高國不僅不理會憲房的訴求，還反過來下令為景陣營去追擊顯定陣營的殘黨。為景又邀請新守護上杉定實的親戚，也就是鄰國陸奧國最強勢力之一的伊達家出兵協助討伐下郡地區的顯定派的領主。

結果，憲房的計劃沒有成功，為景陣營終於成功拿下越後國的控制權，這也將來自關東的干涉完全清除，自此以後，關東勢力再沒有入侵越後；換句話說，山內上杉家主宰關東與越後的歷史也終於告一段落。

越後再亂

如前述的扇谷、山內兩家的情況一樣，為景與定實雖然趕走了關東管領，但接下來就是他們兩人之間的內部鬥爭的開始。尤其是為景只把定實當作傀儡，並沒有把權力交出來分享，最終不忍被玩弄的定實便決定做出反擊。

自永正九年（一五一二）初，決定先下手為強的定實便多次呼叫其他擔心為景持續壯大的領主們，包括宇佐美、上條等一齊打倒為景。另一方面，為景也積極地拉攏越後國內及邊境附近的他國領主，更跟他們交換誓書，保證他們的利益為條件，以尋求他們的效忠。結果，自顯定來襲後，越後又再一次出現分裂局面。

不過，經歷了兩次分裂後，越後國的領主們學會看清形勢，與其輕易靠邊，還不如一起行動，以保障自己不會在背後被捅刀子。所以，不論是定實陣營，還是為景陣營，他們雖然各自得到部分領主的支持，但是這些支持都只是一種投資，一天不能獲得絕對、明瞭的勝利，這些領主的向背終歸是不明朗的。

為景與定實之間的對立足足持續了一年有餘，直到第二年的永正十年（一五一三）十月，為景陣營取得勝利，並且包圍定實所在的春日山城。孤立無援的定實被迫投降，為景之前已經接連殺害了前守護上杉房能及關東管領上杉顯定，但是這次定實卻沒有成為第三個刀下亡魂，為景為免再度引起混亂，也為了為自己留置一個大義名分，於是決定只是軟禁定實在府中，自己則挾之以令諸侯。

自此後的二十多年間，越後國進入了長尾為景的時代，除了後述的上條之亂外，長尾氏的霸權基本奠定，也為四十年後世稱「越後之龍」的上杉謙信叱吒登場做好了第一步的準備。

當長尾為景在北國越後成功站穩陣腳，與南關東的伊勢宗瑞（早雲）相壁輝映時，剛好處於中間的信濃國，雖然沒有直接受到關東戰亂的影響，但那時候信濃國內部卻出現領主之間的一族內鬥，處於永無寧日的腥風血雨之中……

紛亂不堪

小笠原家與諏訪家的同室干戈

看完南關東以及北國越後的亂事後，接下來將焦點轉到與兩地動向息息相關的大國．信濃國（今．長野縣）。信濃國在戰國時代之前已陷入了諸家內亂的局面。室町時代初期以來，一直擔任信濃守護的是小笠原家，他們的根據地位於國內中部的信府（今．長野縣松本市）；位於南方諏訪郡（同縣諏訪市）、高遠郡（同縣伊那市）一帶，一直倚靠諏訪大明神信仰為號召，以諏訪上下大社為基礎，在南信濃握有強大影響力的諏訪一族，西南木曾郡（同縣木曾福島市）的木曾家。在北方，則有埴科郡（同縣坂城町）的村上家、水內郡（同縣長野市、中野市等）的高梨家以及筑摩郡（同縣大町市）的仁科家為主的兩三個代表領主紮根（圖1-7　信濃國勢力圖）。

由於信濃國幅員遼闊，守護小笠原家沒有足夠實力去壓制這些領主，但是，畢竟是幕府委任的世襲守護，因此在室町時代，小笠原家仰仗幕府的支持，在政治上仍然有高於其

圖 1-7　信濃國勢力圖

他各家的影響力。然而，隨著家族發展，小笠原家陸續衍生出深志（宗家）、鈴岡（同縣飯田市）、松尾（同縣伊那市）三大分家，這三家的領地互相接壤，不久後便因為領地邊界問題而產生矛盾。

到了京都爆發應仁文明之亂（一四六七至一四七七）時，京都的亂事便進一步使各家的矛盾表面化，不僅公然地大打出手，連帶導致接壤的諏訪家等領主也隨之捲入其中，各自引發分裂。以深志小笠原家及松尾小笠原家的分裂很快便升溫起來。鈴岡小笠原家企圖取代宗家，於是便與諏訪家聯手，一起圍攻深志小笠原家，但由於得不到其他領主的認可，始終沒有成功。

小笠原家的嚴重分裂開始影響到周邊的領主，上面提到的諏訪家也借著小笠原家的問題引起各支族的對立，在文明十一年至十六年（一四七九至一四八四）的五年間，諏訪家的宗家與支族的大祝家、金刺家以及高遠家混戰不斷，連同反過來被捲入其中的小笠原家，使得諏訪、伊那、府內為主的各地區一直處於腥風血雨的歲月。直到文明十六年（一四八四），宗家久經辛苦，才打敗了大祝家及金刺家，穩住了宗家的地位，暫時統一及團結了諏訪一族。

至於一直混亂的小笠原家到了後來的明應、天文年間的約四十年間，三家之中的鈴岡家首先被深志家和松尾家聯手打敗而沒落，剩下的宗家深志家和松尾家繼續互鬥。起初，松尾家一度氣勢凌人，獲得了信濃國外諸勢力的看重，就連南方的今川家及伊勢宗瑞（早雲）在攻打武田信虎時，也曾拜托松尾小笠原家出手助戰（詳見本章〈恩怨糾纏〉）。

不過，到了後來，宗家深志家在小笠原長朝及長棟父子的努力經營下，終於反過來壓倒了後來後勁不繼的松尾家，更於天文三年（一五三四）將松尾家打敗，結束了家族超過半世紀的內訌，更成為信濃國中部最強大的勢力。

先後克服了自家的內鬥後，小笠原家與諏訪家這兩股接壤的勢力隨即又出現了矛盾，在深志小笠原家剛打敗了松尾家後三年，即天文六年（一五三七）初，小笠原家便與諏訪家在邊界地區爆發了零星的衝突。正當快要擦槍走火，變成兩家全面戰爭之時，統一了小笠原家的小笠原長棟為了不要斷送父親與自己辛苦爭取得來的自家和睦，決定在第二年的天文七年（一五三八）秋天，向諏訪家提出和談建議，並於天文八年（一五三九）六月與剛繼承當家之位的諏訪賴重進行了和談會面。

平息了家族內訌，又穩住了邊界安寧的小笠原長棟可算是完成了中興家族的使命，在他的治世下，小笠原家終於獲得了十多年難得的和平日子。與諏訪家達成和解後十年，即天文十八年（一五四九），長棟便在林城病逝，由長子小笠原長時繼位。可是，長棟在死時估計也沒有想到，他辛苦締造的家族和樂，很快便斷送在他兒子手上。在這之前，有必要先看看將與小笠原家同病相憐的該國名門．埴科郡村上家的情況。

北信武勇・村上與高梨

早在南北朝時代便聲名顯著的村上家因為軍功，一度被朝廷任命為「信濃總大將」。到了室町時代，村上家因為這個榮譽，素與幕府任命的守護小笠原家不和，由於兩家南北接壤，在室町時代的大部分時間，兩家在邊境都斷斷續續地出現零星衝突。

與此同時，在應仁文明之亂的時候，趁著宿敵小笠原家自陷內亂，無法對抗，於是村上家便乘虛而入，這時候的村上家當家・村上賴清在應仁元年（一四六七）入侵東南的小縣郡（今・長野縣東御市），更大敗當地的名門豪族海野家。

十月至十二月，海野家兩大巨頭・海野幸氏及海野滿幸先後在跟村上軍交戰時戰死，海野家因此陷入衰退。接著在文明十六年（一四八四），村上賴清之子・村上政清繼續擴張，趁著南方的佐久郡大井家入侵甲斐國的戰爭元氣大傷，立即揮軍入侵佐久郡，更成功攻陷了大井家的居城大井城（今・長野縣佐久市），佐久郡的名族大井家也因此被趕出佐久郡。

村上家在中北部的本陣地的坂木（今・長野縣埴科郡坂城町），以至東部的佐久郡的勢力在應仁至文明年間一口氣擴大起來，成為了信濃國東北部的最大勢力。與中部的守護小笠原家，以及北部水內郡的高梨家形成三強鼎立的局面。

另一方面，信濃北部水內郡（今・長野縣長野市、中野市一帶）的高梨家跟村上家同樣，在文明年間獲得了急速發展的機會。高梨家本身是在水內郡發跡，後來慢慢將勢力擴張到東面的高井郡（今・長野縣長野市、須坂市一帶）。當時的高井郡內，已經有須田家與井上家處於對立狀態，須田家落敗之後，高梨家以逸待勞，入侵高井郡跟井上家交手。不過，這場信濃國東北角的對決很快受到北方越後國的戰局影響，性質變得不一樣。

永正四年至大永四年（一五〇七至一五二四），越後國守護上杉定實與守護代長尾為景發生權力鬥爭，支持長尾為景的高梨家，與之對立，由井上家帶頭的高井郡領主則支持上杉定實。換言之，越後國內的政治鬥爭由於地理位置貼近信濃國北部邊境，最終也引致水內及高井兩郡的領主都身陷其中。

當長尾為景在越後先後與關東管領上杉顯定和越後國守護上杉定實交戰之際，當時的高梨家當家・高梨澄賴因為跟長尾家有姻親關係（澄賴姊妹乃長尾為景之母）以北信唯一的為景派，與其他支持守護定實的周邊領主交戰。起初尚可招架得住，但始終寡不敵眾，高梨澄賴被迫逃到越後府中暫避。

幸好長尾為景沒有讓他失望，在永正十六年（一五一九）前，長尾為景挽回敗局，而且跟北信濃的定實派領主講和，為收服戰亂打下良好的基礎。到了大永四年（一五二四），長尾為景在越後取得最後勝利後，終於幫助高梨澄賴回到水內郡。

這次高梨家與長尾家共赴患難的結果，使兩家在今後的日子一直在信、越邊境成為肝膽相照的聯盟，長尾家也因此成長為北國最強的勢力，而高梨家則留在北信濃，與南部的村上家作較量，確保在信濃北部的霸權。

反觀村上家，除了跟高梨家爭奪名刹善光寺以及其周邊的物流商貿重鎮・善光寺平（今・長野縣長野市）的控制權外，村上政清之後的村上家動向一度不明。到了他曾孫・村上義清的時代初期，由於南方的宿敵大井家受惠於關東管領上杉家的幫助，得以回歸佐久郡。比起村上家，大井家跟甲斐武田家的關係更加險惡，所以大井家的重心都放在南方，沒有對村上家構成威脅。

到了天文九年（一五四〇），武田信虎與諏訪賴重、村上義清結成同盟，一起瓜分佐久郡的領地，村上義清再攻死灰復燃的海野家，而武田信虎與諏訪賴重則主攻大井家，最後三方都成功完成戰略目標。可是不久之後，落敗的海野家跑到信濃東鄰的上野國，請求關東管領上杉憲政介入佐久郡的戰亂。另一方面，信虎也在勝利後僅一年，便遭到長子武田晴信（後來的信玄）發動政變，被趕下台，流放到駿河國（今・靜岡縣）。

經此大變後，信濃東部的形勢變得更加不明朗，關東管領上杉家的介入以及武田家換人當家之下，原本仍然屬於內戰性質的信濃戰亂，瞬間發展成為跨國的地區戰爭。武田信玄的登場將為信濃全國帶來前所未有的震撼，信濃國領主即將面臨空前的危機。

恩怨糾纏

今川氏親與關東

本章〈異國凶徒〉裡已提到駿河今川家的當家今川義忠於出征遠江時戰死，引發了今川家內爭奪當家的內亂。最終，在伊勢宗瑞（早雲）的全力支援下，為胞姐北川殿及外甥今川氏親（義忠嫡子）於長享元年（一四八七）年底打敗了競爭者小鹿範滿，成功保住了權位，順利繼承了今川家。

氏親繼位初期，在舅舅早雲的支援下，地位一步步得到穩固。在這時候，在母親北川殿的安排下，胞姊・北向殿與京都的名門貴族・正親町三條西家的當家三條西實望於氏親繼承當家之位的同一年結婚，氏親本人也於永正二年（一五〇五）從京都的中級貴族・中御門家迎娶了妻子，她便是後來名震戰國的女政治家・壽桂尼。

氏親與胞姊通過與這兩家跟京都幕府有深厚關係的貴族結親，確保了與幕府的聯繫，於日後利用幕府的大義名分為今川家謀取更多的利益，反過來說，幕府也通過兩家京都貴族成功與扼守關東入口的今川家繼續合作，為當時銳意改變關東政策的管領・細川政元實行計劃提供最好的助力。

另一方面，與京都的公、武兩方建立強韌的友誼下，今川家也逐漸獲得了吸收京都文化精華的機會，使居城今川館城下在後來成為了東海最大的文化重鎮。

回到氏親的統治與幕府的關係，本章〈異國凶徒〉提到，延德三年（一四九一）四月，將軍的生父堀越公方足利政知病死後，政知的長了，也就是義澄的同父異母兄長足利茶茶丸為了確保安全繼承位置，殺害了義澄的生母及胞弟潤童子丸。這間接使幕府更決心要改變關東政策，先討伐得罪將軍的茶茶丸，之後順手再把冥頑不靈的古河公方一併鏟除，建立新的關東統治體制。不用多說，與幕府保持聯繫的今川家便成為了橋頭堡、鋒利的尖兵。

正當幕府正醞釀征伐關東的指示時，在這時候的今川氏親與輔政的舅舅早雲於明應三年（一四九四）秋天揮軍攻向西邊的遠江國（今・靜岡縣西部）。這顯然是繼承父業的氏親要完成亡父遺志的一場復仇戰，為此，氏親以舅舅早雲為統帥，向遠江國東部的佐野、山名及周智三郡（今・靜岡縣掛川市、菊名市、磐田市）發動大規模攻擊。

途中，上述足利茶茶丸殺害母、弟的事件發生後，支持茶茶丸的鄰國的甲斐武田家為此爆發內亂。為免影響到遠江的攻略，以及配合幕府的命令，氏親再派早雲介入甲斐的亂事，一併打壓茶茶丸陣營的勢力（詳見〈異國凶徒〉）。

明應五年（一四九六）七月開始，今川家重啟入侵遠江的軍事行動，經過三年的滲透及經營後，遠江東半部已經落入了今川家的手中。這時的遠江守護斯波義寬因為另一個管國尾張國（今．愛知縣西部）出現內亂，以及勢力已在應仁文明之亂消耗殆盡，一開始根本無法遏阻今川氏親入侵遠江。然而，眼見今川氏親已幾近吞下整個遠江國，有心無力的斯波家決定請求遠江國北面的信濃國守護小笠原家，以及駿河背後的關東管領上杉顯定出手相助，從北、東兩方面牽制今川氏親的行動。

斯波義寬更請動了管領細川政元也幫忙協調，讓小笠原家盡快出兵支援自己。原本與今川家關係密切的細川政元決定打壓今川家的西進行動，目的之一便是希望今川家專心完成原本的指令，即關東的「重組計劃」，不要節外生枝。

不過，決心要完成父志的氏親並沒有理會政元在背後的牽制，打算趁夾擊還沒有成熟之前，盡早拿下遠江。經過四年的反覆侵攻後，在文龜元年（一五〇一）左右，連下天方、馬伏塚等城後，除了仍然負隅頑抗的北遠江二俣地區（今．靜岡縣濱松市）外，今川家終於把大半個遠江國都奪了過來，更進一步向西鄰的三河國進軍。

但在這個時候，關東地區的山內上杉與扇谷上杉，還有古河公方的戰鬥於永正元年（一五〇四）重燃（詳見本章〈異國凶徒〉）。受到山內顯定及古河公方足利政氏攻擊的扇谷朝良向今川氏親及早雲求助。一心只想著在東海繼續擴張的氏親並沒有積極回應，於是只派了舅舅早雲率先親自馳援，自己則率本軍隨後才到。不久後三方聯軍在九月二十三日於立河原（今・東京都立川市）與山內顯定軍激戰，並且大敗了山內・古河軍，迫使後者逃出武藏。

奪遠江、併三河

立河原之戰是氏親最後一次親自介入關東戰亂的行動，此後，直至他死去為止，他再沒有踏上關東之地半步。對氏親來說，出兵關東既是盡了對將軍家的道義，更重要的是為本命的三河攻略掃除後顧之憂。文龜元年（一五〇一），拿下大部分的遠江國的同時，氏親也向三河東部進行滲透，在永正三年（一五〇六）搶佔了三河東部的重要軍事據點・今橋城（今・愛知縣豐橋市，後來的吉田城），以它作為入侵三河的橋頭堡。

然而，三河國的情勢比遠江國來的複雜，不僅有盤據當地西部各地的松平一族準備迎擊今川家，三河國西部存在不少直屬幕府將軍家臣「奉公眾」的領地，雖然距離京都遙遠，但畢竟是幕府要員的食邑、故鄉，氏親進擊三河也意味著要跟這些幕府要員以及幕府鬧矛盾。不過，適逢氏親在永正三年大致入侵三河東部後一年，即永正四年（一五〇七），一直在京都暗中操控全國大局的怪傑・管領細川政元遭到家臣暗殺而亡，使幕府出現巨大的政治真空。

對於氏親來說，政元被殺恰恰是消除了今川家不安尷尬的「幸事」，因為只要政元一死，氏親不用再擔心會在關東問題及進攻遠江、三河的問題上與管領細川家出現矛盾，受到政元在背後制肘。於是，永正五年（一五〇八）正月，已經沒有顧忌的氏親透過姻親的三條西家向後柏原天皇，以及同樣從細川政元之死裡得到解放的幕府將軍足利義稙獻上大量金錢財寶，希望幕府能夠任命自己成為新的遠江國守護。換言之，就是否定斯波家的地位。氏親「識時務」的舉動很快獲得了天皇及將軍義稙的積極回應，同年中幕府便答應了氏親的要求。

事情都繼續順利發展之時，同年十一月，氏親與早雲一起率兵迫近三河西部，立即遭遇於當地繁衍的松平一族的激烈反抗，嘗到一直長驅直進以來首次的敗績。是次敗北後，氏親明白到不可操之過急，於是決定將軍隊目標對準了仍在遠江北部山谷地區抵抗的斯波家餘黨。

另一邊在尾張國眼看氏親在遠江、三河予取予求的斯波家當家・斯波義達在聽到氏親成功拿下遠江國守護的任命後，終於也打破了沈默，決定為家族的榮譽拚命一戰。永正七年（一五一〇）底，斯波義達從尾張，經三河國進行遠江，率領仍然支持自己的井伊家、大河內家等北遠江領主以及自己的家臣一起在遠江西部的引間城（今・靜岡縣濱松市，後來的濱松城）、氣賀等地爆發多場小規模的戰鬥。

斯波家陣營為了增強勝算，繼續力請信濃、三河、尾張的領主加入行列，兩軍繼續在遠江西部各地進行拉鋸戰，但在永正十年（一五一三）深嶽城之戰中，斯波義達終於被今川家打敗，被迫退回尾張國，斯波家捍衛遠江國的反抗行動也到此以完全失敗告終。雖然在永正十三年（一五一六），斯波義達曾一度重新佔領引間城，進行反抗；但在今川軍的打壓下，再次失敗而回。至此，原本跟隨斯波家的井伊、大河內等領主也大多為了自保，改投到今川家的旗下。

雖然驅逐了斯波家這個父仇，但氏親在勝利後，便突然中風，臥病不起。除了在大永元年（一五二一）派兵介入鄰國武田家的內亂失敗後，決定與武田信虎議和外，已甚少進行政務。由於包括長子氏輝在內的兒子仍然年幼，身邊也沒有兄弟可以依賴，在百般無奈下，氏親便讓妻子壽桂尼代為處理政務。這個原本出於無奈的決定，卻意外地為今川家解決了危機，而且為今川家找到了一個「巾幗英雄」。自此一直為今川家的發展作出獻身努力，後面我們可以看到，壽桂尼的人生從夫君病重、離世開始，便與今川家的命運緊緊地連接在一起。

名家多難

甲斐武田家是武士名門清和源氏出身的後裔，在十二世紀開始便在甲斐國（今．山梨縣）紮根，到了南北朝室町時代當初，「中興之祖」武田信武追隨足利尊氏立下戰功無數，正式被幕府任命為甲斐國守護。可是，到了室町時代中期（十五世紀中），守護武田家因為捲入鎌倉公方的權力鬥爭、上杉禪秀之亂，一度沒落，被驅逐出甲斐國，守護之位也岌岌可危的絕境。

後來，與鎌倉公方對立的室町幕府扶助武田家重返守護之位，成為幕府方對抗鎌倉公方的尖兵之一。然而，甲斐國的領主對於武田家得到幕府支援，回到守護之位的結果卻不甚高興。尤其是武田家被逐後，守護代（守護的副官）跡部家本以為可以取而代之，但武田家轉眼之間便重回甲斐，使跡部家的野心頓時受挫，於是跡部家便與武田家爆發了最高權力之爭。但在幕府強力支援下，跡部家不是武田家的對手，很快便兵敗滅亡，武田家成功守住了辛苦拾回的守護之位（圖1-8　甲斐武田家系）。

可惜，對武田家來說，跡部家的滅亡不代表自此可以重享太平。受到跡部家滅亡的刺激，其他不願武田家坐大，阻礙發展的領主們，尤其是武田家的各個庶族，如栗原家、穴山家、今井家，以及大井家等開始前仆後繼地對守護武田家展開長達數十年的抗戰，他們

圖1-8　甲斐武田家系

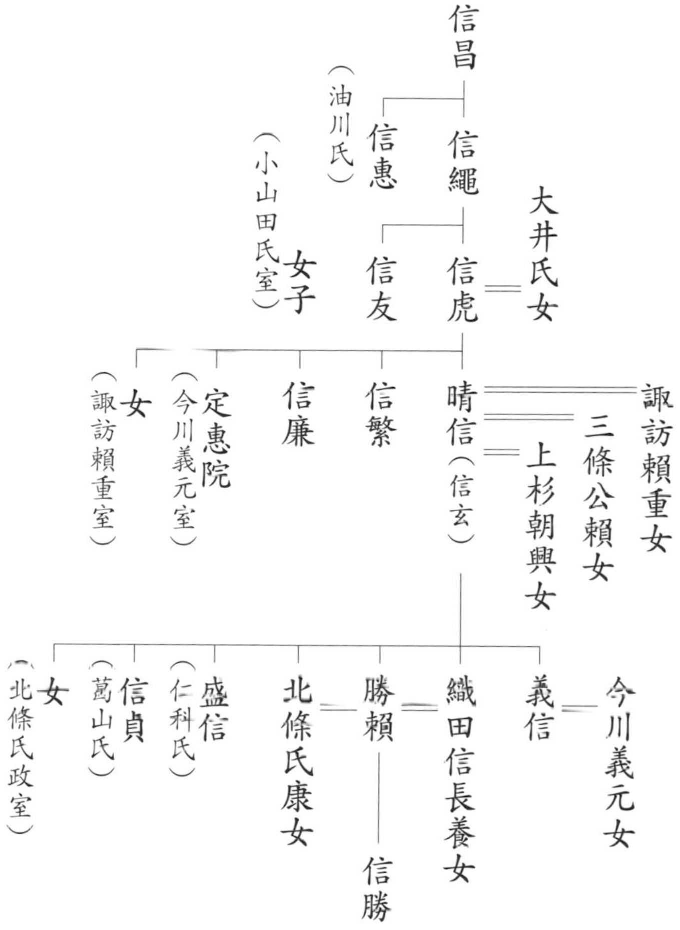
信昌
信縄
信惠（油川氏）
大井氏女
信虎
信友
女子（小山田氏室）
諏訪賴重女
三條公賴女
上杉朝興女
晴信（信玄）
信繁
信廉
定惠院（今川義元室）
女（諏訪賴重室）
今川義元女
義信
織田信長養女
勝賴
信勝
北條氏康女
盛信（仁科氏）
信貞（葛山氏）
女（北條氏政室）

更與南方的駿河今川家聯手，合力對抗武田家。

今川家之所以會插手干預，是因為他們當時正要入侵遠江，不願看到北邊出現強大的勢力，為免後方出現隱患，自然樂見甲斐國亂成一團。自此，甲斐國陷入長期的內戰狀態。

更糟糕的是，這時候的守護武田信昌因為鍾愛次子信惠，與長子信繩於明應元年（一四九二）六月就繼位問題出現爭執，上述的武田庶族便藉機介入這場父子之爭，趁機撈取利益，壯大自己的勢力。其中，穴山及栗原兩家帶頭支持武田信昌，與信繩陣營對戰，穴山家背後已有今川家暗中支援，因此這場父子之爭儼然成為甲斐與駿河兩國的暗鬥，兩國之間近四十年的鬥爭也由此打響。

父子之爭當初的頭一年，兒子信繩節節敗退，但到了明應三年（一四九四）三月信繩方在勝沼附近（今．山梨縣甲州市）的反擊戰中大獲全勝，成功扭轉劣勢。然而，不願看到甲斐國的內亂就此結束的今川家在信繩大勝後，立即在翌年派出當時正在關東南部翻起風暴的伊勢宗瑞（早雲）率大軍援助盟友穴山家以及武田信昌，信繩仍然處於苦戰的狀態。

這時候，甲斐國外的局勢讓事情更加複雜，當時早雲正在奉幕府的命令攻打弒母殺弟的堀越公方足利茶茶丸，並且得到了扇谷上杉家的協助，但同時與對處理茶茶丸問題上態度慎重，跟扇谷家又鬧不和的關東管領山內家出現對立，而武田信繩又為了增加勝算平亂，自然積極與山內上杉家聯盟。

因此，武田家的父子之爭已經成為南關東地區政治鬥爭的一個部分，再不能獨善其身。當這場關係複雜的內爭外鬥正劍拔弩張的時候，明應七年（一四九八）八月底發生的「明應大地震」及時的喊停了爭亂。這場大地震以及其後引發的大海嘯使甲斐國在內的東海道諸國傷亡慘重，百廢待舉之下根本無法動員戰鬥。手下領主們叫苦連天之下，戰鬥已經失去了原動力，於是信昌及信繩雙方同意和解停戰；而早雲在同一時間打敗了足利茶茶丸後，也暫時不再過問甲斐的事情，因此，諷刺地說，信繩的守護及當家之位算是藉助大地震這個天災守住了。

遇強愈強

大地震意外地為甲斐國帶來一時的和平，但其間還有零星的鬥爭，要實現完全的靜謐仍有一段漫漫長路要走。達成和解七年後的永正二年（一五〇五），引起父子之爭的始作俑者武田信昌病逝，另一個主角武田信繩也在兩年後的永正四年（一五〇七）英年早逝，當家之位由年僅十四歲的長子信虎（當時名叫「信直」）繼承。

不過，鬧出大亂的兩父子信昌、信繩死去不代表事件已經完全落幕，因為還有一個關係人物一直等待機會重新出擊，他就是當初信昌不惜與長子對立，執意要扶立為當家的次子、武田信惠。現在父、兄先後死去，兩者順守的和平協議對信惠來說已經絲毫沒有意義；而且，繼承兄長之位的侄子・信虎不過是一個乳臭未乾的少年，這些有利條件都誘使信惠決定東山再起，親自奪下那個與自己擦肩而過的當家寶座。

永正五年（一五〇八），武田信惠與武田信虎兩叔侄的戰鬥正式葬送了短暫的和平，讓甲斐國重新回到戰爭連年的日子。跟上次的父子之爭一樣，這次的叔侄之鬥同樣誘發國內想混水摸魚的反武田領主們，如栗原家、岩井家，以及國內南部都留郡（今・山梨縣都留市、富士吉田市）的小山田家捲入其中，小山田家由於地理關係，背後有今川家支援及唆使，所以，這次的內戰其實變相是甲斐、駿河兩國的第二次暗鬥。

不過，身僅十四歲的信虎可謂是生於亂世的虎子，同年十月的戰鬥中，信虎率領軍隊幾乎全殲了叔父信惠陣營的軍隊，接著又在十二月打退了屬於信惠陣營，從都留郡殺來的小山田家。接著，信虎在翌年永正六年（一五〇九）秋天反攻都留郡，對小山田家的領地進行大肆破壞。終於，小山田家於永正七年宣布投降，正式臣服信虎。為了安全起見，信虎讓胞妹嫁到小山田家，進一步加強兩家關係。

即使成功消滅叔父信惠陣營，這仍然不代表信虎已經完全平定了內亂，都留小山田家之外，仍然不服從武田家號令的還有以同族大井家、穴山家及今井家為首的西南地區領主，他們也是靠著駿河今川家的支援，保持著與信虎抗爭的資本。

在信虎眼裡，收服小山田家後，這些領主也是必須平定的。永正十二年（一五一五）十月，信虎先與大井家開戰，但因為大井家拚命死守，信虎無法取得勝利，到了翌年秋，支援大井家的今川氏親派兵攻入甲斐，與從屬信虎的甲斐東南地區（今．山梨縣河口湖町）的領主發生戰鬥，更一直停駐在甲斐邊境附近，不打算退回駿河。但由於今川家在另一邊的三河國和遠江國戰情吃緊，入侵甲斐的駿河攻擊軍終於在永正十四年（一五一七）退回駿河。

雖然要專心經營三河、遠江，但今川氏親仍然在富士郡及都留郡的邊境停駐，以防萬一。然後氏親便跟大井家各自與信虎暫時停戰，為此，大井家交出女兒嫁給信虎為妻，以示停戰的誠意。與今川家和解的前後，北方信濃國諏訪郡的諏訪家也正在爆發內亂，更有波及甲斐西北邊境地區的跡象，加上要對付仍在對抗的穴山家和今井家，信虎決定一邊繼續軍事行動，一邊將居城從原本的川田館（今．山梨縣甲府市川田）轉移到西邊，位處甲斐國中央的躑躅崎館（甲府市武田．現在的武田神社），於永正十六年（一五一九）底正式遷入，成為甲斐武田家此後的居城。

居城新築，萬事更新，但平定甲斐國的大業之路仍然漫長艱巨。信虎完成移住躑躅崎館的工作後，要求甲斐國內臣服自己的領主，尤其是具份量的領主都要在翌年永正十七年

（一五二〇）遷住到躑躅崎館附近，以示忠誠。這個要求引發了一直口服心不服的老對手栗原家、今井家和大井家不滿，三家剛在同年五月來到躑躅崎館下後，不久便集體離開，宣告與信虎決裂。但在六月，已經身經百戰的信虎快速出兵，一口氣便連敗三家，迫使他們再次降服。

經過這次「引蛇出洞」的平亂後，信虎在甲斐國的實力已經穩固，在這一年，信虎正式改名（信直改為信虎），又得到幕府批准官拜「左京大夫」之職。這官職一般是統治一國的諸侯所用的官名，而且在武田家的歷史裡也是前無古人的，信虎向幕府要求這官名的用意已是明顯不過了。

不過，信虎還有一個懸而未決的課題要解決，因為甲斐國內還有最後一個與信虎沒分勝負的大勢力—河內郡的穴山家。穴山家在其他家族先後屈伏後，也曾向信虎示弱，但是，早已從屬今川家的情況下，穴山家見風使舵的行為激怒了今川氏親，於是，在大永元年（一五二一）八月，氏親派出由重臣福島家率領的軍隊入侵穴山家的領地，再跟信虎交戰。

這次氏親的怒火非比尋常，在強勢的攻擊下，在九月初的首戰裡信虎率領武田軍及屬下的領主聯軍敗北，信虎緊急命令待產的夫人大井氏到躑躅崎館背後的要塞、要害山城躲避，危急之勢可想而知。不過，武田與今川兩軍在一個月後於躑躅崎館南方不遠的飯田河原決戰，信虎軍成功贏得重大勝利，不僅阻止了今川軍繼續向躑躅崎館進推進，更在此戰中幾乎全殲了領軍的福島一族，這次奇蹟般的大勝迫使今川軍急忙退回駿河邊境，信虎再一次在危急關頭守住了甲斐國。

衝出甲斐

飯田河原之戰後，已再沒有勢力能夠再反抗信虎統一甲斐國，信虎也在此戰後以勝利者的身分巡視了南部的兩大靈山：都留郡的富士山及河內郡的身延山，象徵著兩郡的最大領主小山田家與穴山家已經成為信虎的家臣，甲斐國在武田家三代（信昌、信繩及信虎）努力下在大永二年（一五二二）重歸統一。

雖然武田信虎成功收拾了困擾甲斐國多年的亂局，但信虎卻不止於當一個和平諸侯，接著他便順應國外的政治局勢，反守為攻，積極擴大了武田家版圖，開啟了第二階段的軍事行動。

當時旁邊的南關東地區正值北條氏綱（伊勢宗瑞〔早雲〕之子）與扇谷上杉家和山內上杉家對戰，與北條家，以及北條家背後的今川家有著深仇大恨的信虎與扇谷家是友好關係，理所當然的支援扇谷上杉家抵抗。大永四年（一五二四）初，北條氏綱向東攻打扇谷上杉家之際，信虎率軍從背後偷襲北條家的本國相模國，又在後來與兩上杉家合流圍攻氏綱。氏綱以情勢惡化，與信虎停戰後不久又再戰，自此後的一段時間，信虎與氏綱持續斷斷續續的戰鬥局面。

另一方面，宿敵今川氏親於大永六年（一五二六）病死，其子氏輝病弱，需要生母壽桂尼「垂簾聽政」。為免信虎會趁亂入侵，今川家與信虎達成暫時停戰的協議，這次今川家的政治危機給了信虎一個宣傳機會，兩家暫時的和解意味深長，象徵多年來信虎竭力抵抗今川家干涉內政的努力得到了相應的回報。今川家選擇與信虎暫保和平也意味著今川家與北條家一直以來聯手箝制信虎的戰略出現了裂口，這些對甲斐及信虎來說都是正面積極的事態。

南方的後顧之憂暫時消除後，信虎便把焦點放到了北鄰的信濃國上。當時信濃國南部的佐久郡（今．長野縣佐久市）、小縣郡（同縣小縣郡）與前述的諏訪郡（同縣諏訪市）仍然存在領主間的戰亂，各自都有其中一方的當事者向統一了甲斐的信虎尋求協助，造就了信虎開始對信濃南部打主意的起端，尤其是佐久郡和小縣郡都沒有較為強大的領主，比起諏訪郡更容易下手。

而且，在南關東混亂不堪，今川家自身難保的有利條件下，自大永七年（一五二七）起，信虎便連年向南信濃出兵，以介入當地的戰亂為名，實為擴展領土。然而，信虎的擴張慾很快使一眾為此疲於應對的領主們，甚至家臣大感不滿，享祿四年（一五三一）初，曾反抗信虎的栗原家和今井家連同鄰近的信濃國諏訪郡領主諏訪家再次發難，但很快被信虎鎮壓下來。

這次騷亂是甲斐國領主對信虎的最後一次反抗，信虎成功再次克服，代表著甲斐國已經沒有制衡信虎的武裝力量，信虎的北進戰略也得以順利繼續進行。可是，信虎為免後方再次亂套，決定與世交的扇谷上杉家加強關係，先是納扇谷朝興的叔母為妻，又讓長子晴信（信玄）迎娶朝興的閨女為妻。此外，信虎為了專心經營信濃國佐久、小縣兩郡，選擇與諏訪家和解，後來又將閨女嫁給諏訪家的當家諏訪賴重。

至於最為棘手的今川、北條兩家，雖然仍然有邊境衝突，但已沒有出現動搖國本的規模，信虎仍可應付。到了天文五年（一五三六）春，今川家的當家今川氏輝與次弟彥五郎先後離奇地暴斃，更引發了爭奪當家之位的同門內訌，即著名的「花藏之亂」。

今川家的內亂徹底改變了一直以來的地區政治格局，作為地區政治的核心之一，今川家的情勢足以影響區內的政治走勢，於是信虎以及北條氏綱都搶先介入內亂，兩人都屬意氏輝的胞弟今川義元勝出內鬥，成為新的今川家當家。不久後，在北條氏綱的軍事介入下，義元順利勝出，但由於恐懼北條氏綱的強大軍力會削弱自身的統治，義元繼位後一改父祖的政治方針，轉眼間跟信虎主動結盟，聯手箝制北條家。

武田與今川的和解，使氏綱平白送上順水人情之餘，還遭受義元的恩將仇報。憤怒的氏綱立即出兵入侵今川家東部邊境地區河東郡，做為報復，但此舉反而進一步強化了今川義元與武田信虎的盟友關係，信虎更立即將另一個女兒送到駿河，成為義元之妻，兩家聯手牽制北條家的戰略也一直保持十多年，而武田家與今川家的姻親同盟關係也維持近三十年，直到信虎之子武田信玄入侵駿河為止。

處理完背後的政治危機後，信虎終於在天文九年（一五四〇）夏天如願地向信濃國佐久郡進軍，翌年天文十年（一五四一）信虎又與盟友諏訪賴重，以及北方的村上義清一起向佐久、小縣兩郡進軍，意圖瓜分兩郡領土。在這前後，信虎向朝廷奏請求賜「陸奧守」之官，南北朝時代武田家的中興之祖武田信武曾領過的官位，換言之，這時候的信虎已經自命是先祖以來，又一個中興家族的當家。

這時候四十八歲，已到暮年的武田信虎才剛達到了人生、與事業的至高點。不過，他卻千萬沒有想到，就在同一年他也達到了人生的最低潮……。

「東海一弓取」的登場

大永六年（一五二六）六月，一直中風臥病的氏親病逝，由年僅十四歲的長子今川氏輝接任當家之位。由於氏輝年幼及病弱，政務仍然由母親壽桂尼從旁輔助。由於氏輝的先天不足，在壽桂尼的主導下，除了繼續強化夫君氏親辛苦奪下的遠江國的控制外，至於氏親病重前拿下半壁土地的三河國方面也暫時轉攻為守，確保待氏輝能獨當一面前，不失去三河東部的地盤為首務。

在外交上壽桂尼繼續保持與東鄰的姻親北條（伊勢）氏綱友好，更在天文五年（一五三五）讓親生女兒嫁給氏綱長子・北條氏康。另一方面，北鄰的甲斐國守護武田信虎在氏親在世時已統一甲斐，逐漸對今川家的北境構成壓力，於是壽桂尼及今川家高層決定與甲斐北面的信濃國的反武田領主，如海野家、諏訪家等合作，從南北壓制信虎的抬頭。

天文四年（一五三四）七月，受到武田信虎出兵侵擾富士山附近的富士郡鳥波（今・靜岡縣富士郡）的刺激，今川氏輝及壽桂尼決定派大軍入侵甲斐國境，以作回應，又聯絡北條氏綱從相模國入侵甲斐國的都留郡（今・山梨縣都留市），從南、東南兩方面向信虎進行反攻。然而，早已有所防備的信虎便邀請當時已與北條氏綱嚴重對立的扇谷朝興從後入侵相模國，牽制氏綱的行動。可見，自氏輝時代開始，今川與武田，以及已經等同於獨立勢力的北條三家便在關東南部結下了糾纏不清的關係，並影響著今後四十年的東國局勢。

在氏親死後，今川與北條兩家雖然地位與關係慢慢有變，但面對共同敵人武田信虎，兩家都深明唇亡齒寒的道理，仍然保持著合作關係。天文五年，北條氏康與今川氏輝胞妹

（瑞溪院殿）的婚姻便是加強關係的一個重要政治婚姻。

但是，就當一切都安排妥當，足以彌補氏輝病弱的問題時，氏輝於天文五年（一五三六）二月訪問完小田原城，回到駿河後，於三月中急病逝世，二弟彥五郎也在差不多時日突然在今川館內暴斃，原因不明。無論如何，氏輝與彥五郎先後死去後，今川家出現了今川義忠於遠江國戰死以來，最大的政治危機。

氏輝病弱無子，於是後繼人便需要從他的其他弟弟們中挑選。其中最有實力及呼聲的便是胞弟今川義元，以及在附近的志太郡花藏（同縣藤枝市）的遍照光寺出家的同父異母兄弟「玄廣惠探」（當時稱為「花藏殿」）。當時的義元年僅十八歲，身在富士郡善得寺（今．靜岡縣富士市）出家，師承當時京都建仁寺得度的名僧太原崇孚，法名「栴岳承芳」（當時稱為「善德寺殿」）。考慮到善德寺地處駿河與甲斐的邊境，本身也是帶有軍事要塞功能的寺院，義元在那裡生活也是作為今川家子弟，分擔防衛工作。

如今，兩位兄長雙雙死去後，承芳（義元）論血緣及身份都是最有力繼任的人選。然而，今川家內不滿壽桂尼把持權力的家臣福島家藉此機會，立即另行擁立庶出，母親為福島家出身的玄廣惠探為對手。然而，這個反抗一時沒法阻止義元繼承大統，氏輝死後四十日，還俗後的義元進入駿河今川館，得到幕府將軍足利義晴派使者答應賜名「義」字。

不過，位居今川家重臣之一的福島家沒有理會幕府的任命及態度，仍然繼續在駿河國內糾集同黨進行抵抗，今川家重臣如朝比奈家等都有一族子弟參與起事，使事件的規模越來越龐大，史稱「花藏之亂」。亂事中壽桂尼的動向十分模糊，但隨著亂事擾攘超過六十日後，擔心事態惡化的北條氏綱突然主動出兵介入，使義元方的優勢漸顯。六月初，北條氏綱的大軍將惠探陣營殲滅後，義元的勝利已是不可動搖。經過兩個月的善後工作，到了八月中，義元終於正式以今川家當家的身份出席禮節活動，象徵著完全的勝利。

然而，依靠北條家贏得重大勝利的義元及今川家高層在戰後沒有打算知恩圖報，反而在戰後第二年的天文六年（一五三七）初決定迎娶北方大敵武田信虎的女兒為妻，意味著今川家要與武田家和解以及結盟，史稱「駿甲同盟」或「甲駿同盟」。

今川家決定與武田家化敵為友，針對北條家的原因也是因為「花藏之亂」的最終階段，北條氏綱輕易動用大軍介入今川家的亂事，這對於今川家來說，雖是平亂，但更是侵犯主權的嚴重行動。加上，北條家在當時已於相模國、武藏國一帶形成一股不容忽視的勢力圈，對於西鄰的今川家來說，也是重大威脅。

因此，北條氏綱於「花藏之亂」中不請自來，從結果上而言可謂弄巧成拙，撕裂了北條家與今川家的關係。不久後，義元及今川家更介入了甲斐武田家的內訌，進一步努力爭取在地緣政治上，掌握更有利於自身的利益。然而，那時候的今川家以及今川義元卻想不到，今川家將在後來為這個決定付出滅頂的代價。

調「虎」離山

天文十年（一五四一）六月十四日，武田信虎到了駿河訪問女兒及女婿今川義元，長子晴信（信玄）在目送父親離開甲斐國境後，便下令封鎖邊境關卡，不讓父親再踏上故國一步。當時晴信年僅二十一歲。

有關晴信以及家臣突然藉機會放逐信虎的理由也是眾說紛紜，主流說法是說，家臣及從屬武田家的領主對信虎連年征戰，已到了容忍的極限，但當時又正值年年歉收，既無法以戰爭推倒信虎，而且，羽翼未豐的晴信，以及支持他的武田家臣都明白，要與久經沙場的老英雄，一生經歷各種大風大浪的武田信虎為敵，將難得的和平斷送，難保事情鬧大後，不會招致國外勢力趁虛而入。因此，他們才想出了這場無血政變，奪去了信虎反撲的機會及能力，以「最和平」、「最出奇不意」的方法，將信虎送下台。

當然，要成功還需要另一邊的今川義元同意才行，義元當時也是通過政變才得以繼位，相比應付老練能打的岳父信虎，與同輩的妻舅合作或許是更好的選擇。而且反過來說，武田家把信虎送到駿河，其實盡顯了誠意，也是一個有利今川家的安排。這是因為只要晴信做出任何不利今川家的事，今川義元大可利用扶持信虎復位的名義，隨時入侵甲斐，姑勿論信虎會否合作，但大義名分永遠都在收留岳父的今川家這邊。

換句話說，武田家為了贏取今川家的支持，把麻煩，也是最大的底牌、人質送給了今川家，這宗交易完全合符了兩家的利益，只要兩家利害一致，那麼各自也可騰出手來應對各自的敵人，今川有北條、織田，武田有諏訪、信濃國眾。

總之，縱使我們難以完全知悉這場無血政變內裡的交易細節，但從結果來看，都盡顯了東國兩大青年大名及家臣團在處理上的智慧及穩健。事實也證明，聯手推倒巨人的兩人，在日後都將家族發展到盛極一時，而兩人也在後來沒有對立，直至今川義元二十年後在桶狹間戰死為止……。

無論如何，進入天文年間，今川義元、武田晴信（信玄）以及北條氏康三人，還有後來的越後長尾景虎（上杉謙信）先後登場，東國戰國的發展又再翻開嶄新、激烈的一頁。而在這時候，日本本州島的西端裡，出雲尼子家、防長大內家以及九州豐後大友家也正在為西國的霸權展開了三強爭霸戰……。

第三章

西國風雲

上——鼓動

正當京畿、關東處於戰亂頻仍的狀態時，西中國地區的最強勢力大內氏在新當家大內義興的奮鬥下，將家業推向高峰，更成為匡扶將軍回鑾復辟的支柱。

北面的出雲國（今．島根縣東部）也受到亂局的餘波影響，正當義興風光正盛時，時年已近半百的尼子經久才在此時初試啼聲。從來，尼子經久常被人認為是與東國的伊勢宗端同為「下克上」的佼佼者，但事實上他剛出道時便屢受打壓，最終仍能昂然崛起，一步一步成為與大內家合演「西國爭霸」。

另一邊的九州北部，堪稱大內家死對頭的豐後大友家也在飽受內訌洗禮，大內義興咄咄逼人，中興之主大友親治則默默耕耘，奮發圖治，大友家終於恢復足以再與大內家一決雌雄的威勢。

戰國時代西中國、北九州地區第一階段的爭霸，由大內、尼子、大友三家各自「鼓動」開始……（1-9　九州勢力圖）。

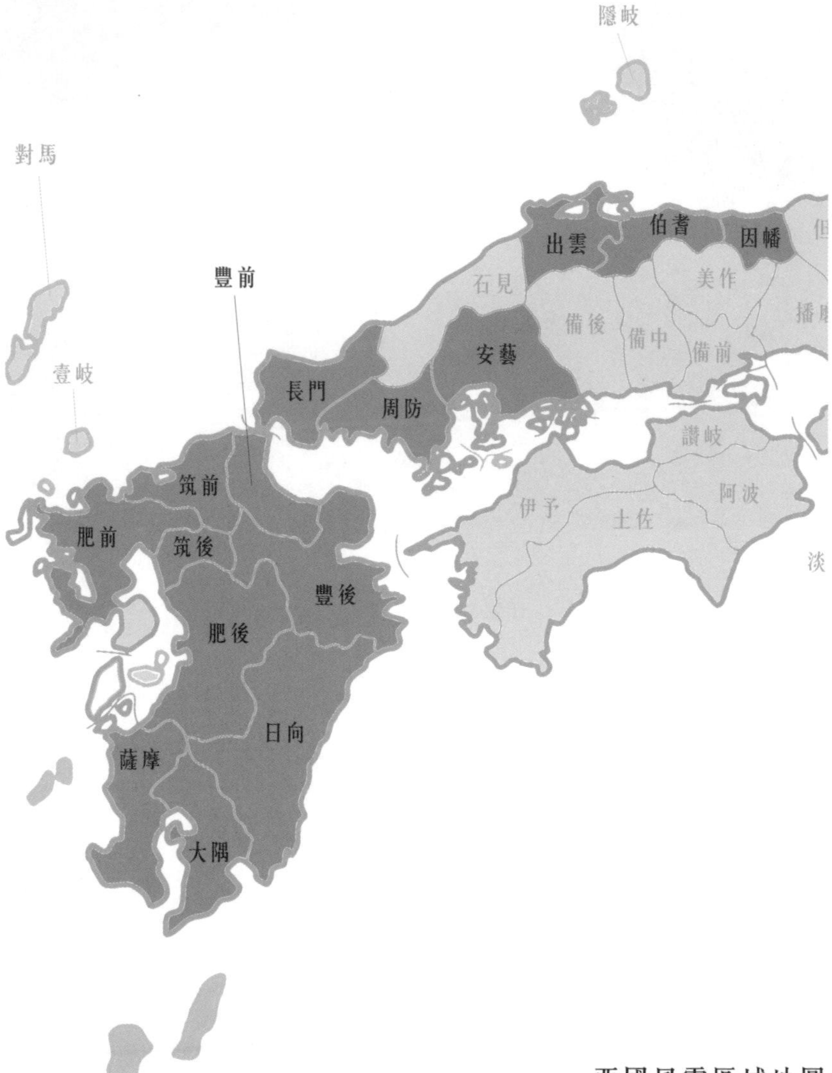
隱岐
對馬
壹岐
豐前
出雲
伯耆
因幡
但
石見
美作
播
備後
備中
備前
安藝
長門
周防
讚岐
筑前
阿波
伊予
土佐
肥前
筑後
淡
豐後
肥後
日向
薩摩
大隅

西國風雲區域地圖

西國盟主

義興出場

以周防、長門兩國為根基的大內家肇興於南北朝時代，後來靠著地利之便，對外與一海之隔的朝鮮王國締結商貿關係，對內則在中興之祖，第十代當家大內義弘的推動下，完成南北朝統一，自此成為室町幕府統治西日本的重要一員，有著舉足輕重的影響力，實力也冠絕西日本。應仁文明之亂中，第十四代當家政弘（義興的父親）加入西軍，支持將軍義政之弟義視（義稙之父）為將軍，並且成為西軍的最強戰力。

應仁文明之亂最終雖然不了了之，但從屬西軍的經歷，促進日後大內家與將軍足利義稙的關係。同樣巧合的是，大內家支持西軍，而次節提到的尼子家當時從屬於支持東軍的主君京極家，從往後的歷史發展來看，彷彿兩家早在以前便結下了宿敵之緣（圖1-10　大內家系）。

明應四年（一四九五），十九歲的大內義興繼承家業，成為大內家第十五代當家。早

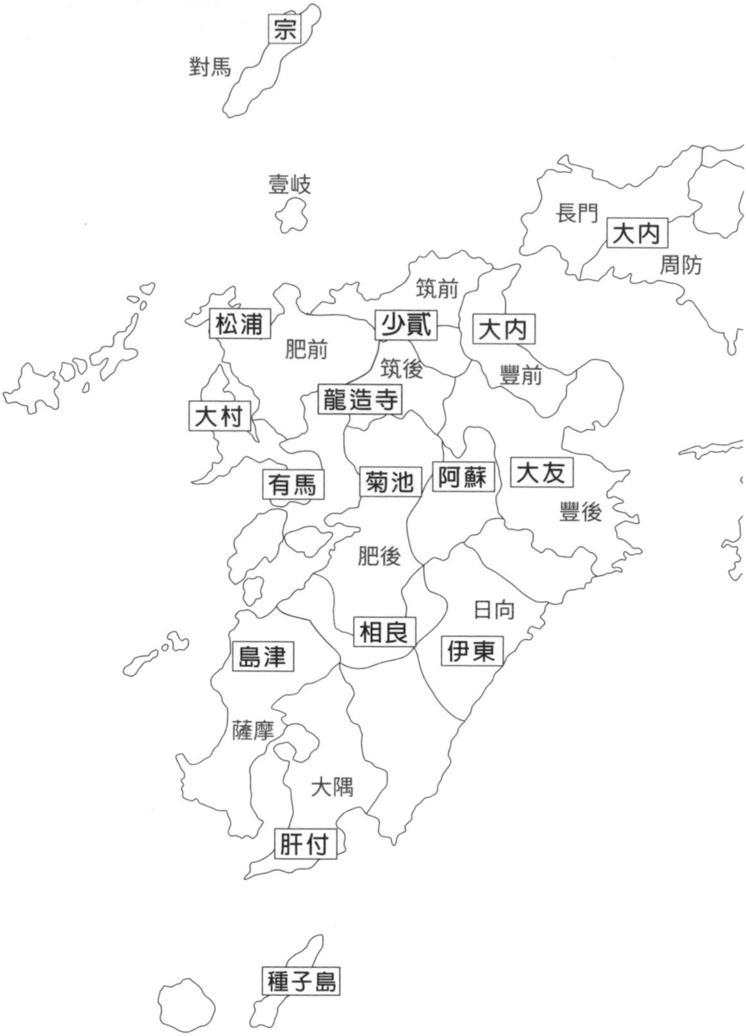
宗
對馬
壹岐
長門
大內
周防
筑前
松浦
少貳
大內
肥前
筑後
豐前
龍造寺
大村
有馬
菊池
阿蘇
大友
豐後
肥後
日向
相良
島津
伊東
薩摩
大隅
肝付
種子島

圖 1-9　九州勢力圖

圖1-10　大內家系

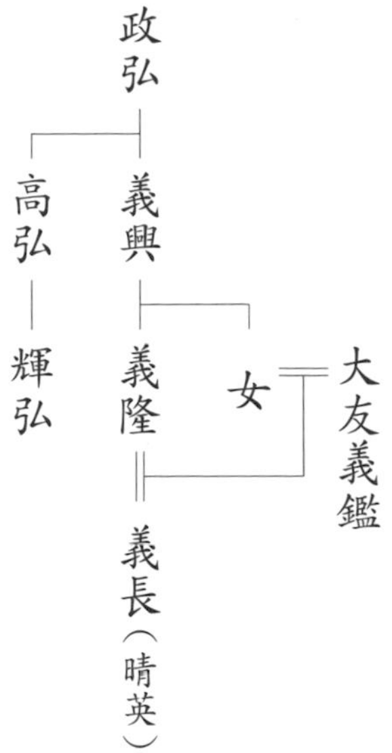

在繼位之前，他已在父親政弘的安排下，分擔了部分的家政，也曾在京都待了一段時間，對執政已有把握，日後權傾西日本的雄圖偉業也有了好的開始。

到了第二年的明應五年（一四九六），影響義興一輩子的事情發生了。當時被管領細川政元廢黜的足利義稙奇蹟地擺脫軟禁，逃到了越中國避難（詳看第一章「明應之變」）。

義稙急於歸位復辟，安頓後立刻廣發英雄帖，要求各路諸侯起兵輔助，大內義興便是他看中的其中一人。除了他之外，還有後面將會提到的九州豐後國守護大友政親。由於大內家與大友家早在室町時代起便為了北九州的控制權爭戰不休，急欲回京的義稙希望雙方暫時放下矛盾，共同出兵「勤王」。

義興接受了義稙要求，並且迎接義稙到山口後，跟友好的九州薩摩國大名島津忠昌說，迎接將軍是「為了天下的應當之事，心中只求盡忠建勳」。可見，義興對於建功立業得美名是甚為動心的，同時也希望藉義稙的將軍之威，獲得絕對的大義名分。

大內包圍網

不過，接受義稙的請求，便等於要跟另一邊的細川政元對立了。自從得知義稙逃出生天，尤其是看到義稙對外廣泛地請求包括大內家在內的諸侯出手後，政元早已認識到問題不是那麼簡單了。由於大內家在之前的應仁文明之亂時是西軍的頭號戰力，東軍代表細川家的死對頭，而第一章提到兩家早就在室町時代已是勘合貿易上的競爭對手，這更讓政元明白到必須先下手為強。這代代的矛盾到了政元及義興的時代因為義稙而延續下來。

但不同的是，從前面我們便已知道，政元的計劃非常周詳規模也很大，政元本身也是奇招甚多之人，他很快便出招「補救」了義稙逃脫的失誤。首先，政元為了從背後牽制義興，便要求同是大內家的死對頭們在大內家的領國周圍展開戰事，實行「大內家包圍網」，使義興忙於應付。

除了上述的大友政親外，九州還有堪稱有著「不死生命力」的筑前國領主少貳政資，少貳家家是早在鎌倉時代便紮根在筑前國的武士領主代表，而且曾兼任筑前、豐前、肥前三國的守護，與大友家及島津家鼎立於九州島之中。可是，少貳家到了室町時代被崛起的大內家逼迫，多次差點滅亡。因此，少貳家為了報復大內家的壓迫，當然樂於響應細川政元的號召了。

此外，在大內家領國的東面，同樣因為大內家強盛而被打壓的安藝國守護武田家家也參與政元的計劃。不過，其實政元這招包圍網早在他父親細川勝元在應仁文明之亂時，已經對義興的父親大內政弘使過，所以政元的做法可說是重施故技。

面對政元施計阻撓，義興也並非無力還擊的。因為政元的佈局中，其中一個重要棋子大友家因為支持義稙與否的問題上出現內訌，大友家一下子混亂不堪，一時間難成大事。

至於另一個棋子少貳政資也自身難保，大友政親自殺後的明應六年，少了大友家這個後顧之憂後，義興使出全力反擊，本來便勢孤力弱的少貳政資無法抵抗，最終也在當年四月兵敗自殺。

雖然利用大友家和少貳家來阻礙義興的計劃都泡湯了，但其實細川政元不只從外部牽制義興，還進行了內部搞亂工作，也即所謂的「大內高弘事件」。大內高弘是義興的同父異母弟弟，在義興繼位後已經在山口的冰上山興隆寺出家，改名大護院尊光。後來在明應八年（一四九九）二月，大內家發生了內亂，重臣之一的杉武明被命令自殺，尊光逃到豐後，得到政親、義右死後的大友家新當家大友親治（政親之弟）的庇護，並且獲得取代義稙做新將軍的足利義澄（原名「義高」）賜名，改名「高弘」。可見，高弘的行動背後有幕府在暗中支持之餘，這件事件也看到了老對手大友家的身影（詳見下節），最終還是無法成事，高弘也只能待在大友家，等待機會了。

當然，政元並不能就此放棄，尤其是義稙已經成功去了山口後，更有必要圍堵義興。除了上次的大友、少貳外、肥後國的阿蘇家、菊池家也收到政元的包圍號召。此外，政元還有最終手段，那就是利用朝廷力量，在文龜元年（一五〇一）六月讓當時才剛登極的後柏原天皇下令宣布義興為「朝敵」，也就是天皇、國家的公敵。然後，再利用幕府的名義，要求大內家附近的大小領主一起舉兵打倒義興。

可是，這招對於見慣風浪、經常吃虧的領主們來說是不管用的，因為義興這邊也有一個將軍在，加上大內家的強大兵力，單靠遙遠京都的一紙命令，根本沒有勝算，對反大內陣營的領主毫無益處。義稙．義興陣營也為了防止這種消耗戰拖延下去，於是決定在同年九月與反抗陣營的主力大友親治暫時停戰，並且得到了親治的和應。

東上回京

隨著大內及大友的停戰，九州方面除了少貳家那些小規模抵抗外，戰亂大致上是停了下來，也意味著政元處心積慮的圍堵還是無功而還，義興及義稙便可以準備東上回京的作戰。永正元年（一五〇四）開始，義興負責籌集東上作戰的軍費，另外義稙也利用將軍名義，向各地被政元迫害的勢力一起響應，配合東上作戰。

就在這個時候，永正四年（一五〇七）六月發生了細川政元被暗殺事件，管領細川家隨即分裂內鬥，已經沒有時間再去管義興、義稙大軍準備殺過來的事了。同年十一月，政元被殺的消息傳到山口後，義興滿足地說「京都局勢以想不到的方式發生了變化，公方回京，四海泰平，時機成熟，大慶也！吾甚為滿足！」（《相良家文書》）

同年底，擁護義稙的大內家大軍便慢慢朝京都進發，為了增加聲勢，召集盟友加入，以及觀望京都的局勢變化，大軍以水路於瀨戶內海緩緩東上，並沒有急於突破。面對大內家的「勤王」大軍，山陽地區的各方領主當然不敢怠慢，紛紛響應義興的招手，一同出兵護送義稙上京。

另一邊的新將軍足利義澄及新管領細川澄元（政元養子）縱然知道東上大軍來勢洶洶，卻沒法作出有效的反擊，同時，一心想取代澄元的細川高國已跟義興、義稙暗中勾結之餘，自己也在近畿地區招兵買馬，準備從陸路配合義稙、義興大軍一同夾擊京都的幕府。這也意味著細川家陣營已經四分五裂了，眼見形勢絕望，將軍義澄及細川澄元在四月份先後逃跑，京都頓時成為「無主」之地，人心惶惶。當時感嘆京都局勢的前關白近衛尚通便在自己的日記裡，寫下了著名的一句：「現今猶如戰國之世矣」（《後法成寺關白記》）

四月二十六日，東上大軍終於到達和泉國堺港（今・大阪府堺市），早一步到達的細川高國以及和泉國守護畠山尚順恭候多時。掃平了附近的澄元勢力後，六月，義稙、義興等一行人率領大軍進入京都，義稙讓高國正式如願成為管領，而義興則成為了副管領，再先後任命他為山城國和石見國守護，以答謝他的協助。

直到永正十五年為止的十年間，義興作為義稙政權的柱石，支持著政權的營運，在永正八年（一五一一）的船岡山之戰中重挫澄元陣營，確保了義稙政權的安穩，義興也利用政治資本，為亡父・大內政弘和自己求得了從三位的官階，位及高級顯貴，又廣交貴族中的文人墨客，將大內家的政治地位及文事教養推向最高峰，也為日後他兒子大內義隆管下的山口成為西國的文化重鎮，世稱「山口文化」的黃金時期奠定基礎。

義興的苦惱

不過，義興駐京期間也有很多的苦惱，除了前章提到義興與高國、義稙之間的種種不和，弄得自己意興闌珊，敵對的澄元勢力又一直死纏爛打外，更重要的是根據地中國地區呈現了新的格局。

首先，長期駐京所費不菲，即使是財力雄厚的大內家本身也有點吃不消，對怯於義興軍威而隨隊的武士領主們而言更是沉重負擔。打跑了敵對的澄元陣營的船岡山之戰時，駐軍已達三年，對很多領主而言，負擔已經到了極限，是時候回家看好領地，以免周圍的勢力乘虛而入。

於是，來自安藝（今．廣島縣西部）、石見（今．島根縣西部）的一部分領主冒著義興不悅的風險，決定撤營回國，並且回國後協議結成聯盟（領主一揆），確定盟內的糾紛會共同處理，也會一同應對大內家及幕府。

顯然，這種聯盟有兩種含義；一是為了保障結盟的領主們的共同利害，防止有人利用義興這個大山遠在京都而借機撈取利益。二是為了應對大內家及幕府的苛求，必須更有效地團結起來才能免於被拖垮。弱小的領主們選擇聯手自保，對於義興來說，意味著今後使喚他們將難上加難，而自己卻一直待在京都，根本沒辦法有效地對他們施加壓力，迫使他們繼續為自己賣命。

事實上，跟其他地方的情況一樣，這些領主們在本質上與義興的大內家沒有分別，他們只是勢力上、各種實力上不及大內家而已。他們既不是大內家的家臣，只是屈服於大內家的威勢，只要時機成熟，自然便會盡可能的撈取利益，自保防身。義興當然非常明白這個現實，可是，匡扶將軍、幕府的功名心和榮譽也同時在捆綁著他，兩者之間該如何抉擇，駐京的義興一直在苦惱著。

然而，西中國地區的事態發展已經慢慢朝著不利義興的方向發展。之前提到一部分無法繼續駐京的藝、石兩國的領主，冒著義興不滿的風險，決定回去領地，之後便與依然追隨義興駐京的鄰近領主發生了領土糾紛，又或者是趁義興不在時偷偷謀利的。例如石見國領主三隅興兼與鄰近的益田宗兼之間，還有盤踞在安藝北部的高橋元光與接壤的備後北部領主三吉家家之間都在義興駐京時發生了衝突。

站在義興的立場而言，現在因為跟隨自己駐京，領地卻被受威脅，為了義理也好，為了撫平堅持駐京的受害領主的擔憂也好，快速平息矛盾是當然不過的事。但是，由於自己遠在京都，調停工作只能依賴留守地方的友好領主們出面平息。如此一來一回，事實上阻礙了平息工作的效率，同時也助長了新勢力趁勢崛起的機會。

率先乘機而起的便有安藝國守護武田元繁。上面提到武田元繁雖然身為安藝國守護，但很早便受到大內家一再壓迫，最終被迫暫時屈服在義興之下。義興為了免除後顧之憂，也為了安撫元繁為己所用，決定讓元繁迎娶自己的養女，並且主動讓元繁率先回安藝，穩住後方。

可是，這次義興算是放虎歸山了，元繁回國後立即拋棄了義興的養女，而且立即出兵攻打屬於義興陣營的安藝國佐西郡己斐城（今・廣島縣廣島市）。憂心忡忡的義興立即要求同樣率先回國的安藝國領主毛利興元（元就之兄）與吉川元經協助對應，另外再指令鎮守安藝國東部的鏡山城（今・廣島縣東廣島市）守將藏田房信居中牽制。

就在這時候，興元英年早逝，由他的幼兒幸鶴丸繼位，弟弟毛利（多治比）元就等家臣輔助。義興陣營折損一翼，元繁氣勢如虹，大內家在安藝國的勢力似有動搖之兆。

然而，就在永正十四年（一五一七）有田之戰中，武田元繁輕敵冒進，被當時還是名不經傳的元就率軍突襲而死，元繁試圖在義興回來之前設法重振家名的野心就此幻滅。

義興離京回師

義興早在永正十二年（一五一五）時便開始回國的準備，並且通知了留守在山口主持大局的重臣陶弘詮及陶興房等人。不過，義興返回山口並不意味著放棄所有利益，決定回國之前，早已從將軍義稙那裡獲得了與中國明朝交易的派船許可（「遣明船」），意味著即使義興回到山口，仍然可以確保大內家的收益，可以說沒有後顧之憂了。

永正十四年（一五一七）底，也就是上述武田元繁戰死後，大內義興離開京都，到了和泉國堺港居住。永正十五年（一五一八）初，義稙想盡最後努力，派出與義興友好的政所執事伊勢貞陸前往堺港，試圖挽留義興。然而，由於與義稙、細川高國的矛盾已經不易解決，領國內外的危機漸漸湧現，義興已到了不得不回去的時候了。

同年八月二十二日，來不及幕府的批准，義興直接從堺港出發回山口，五日後的二十七日，義植知道義興已經離開，於是正式下令，准許義興「休假」回國。義植在寫給義興的命令中寫道：「今次回京，汝協助至堅，汝多番懇求回國，孤感念汝之功，故准之。待人馬休整後，務必火速回京，孤待之。」（《相良家文書》）

命令中不難看到義植對義興的不捨之情、感恩之意，也看到義植有多麼需要義興的協助。果然義興一去，留下來的義植與細川高國之間便立即爆發矛盾，這些都已經在前章交待了。

一個半月後的十月五日，義興到達久違的故鄉山口。回到老家後，義興並沒有馬不停蹄進行軍事佈署，而是像衣錦榮歸一樣，在山口建造有名的山口伊勢大神宮，作為撫慰大內家上下精神的新據點。

雖然武田元繁已於年前的有田之戰中戰死，來自安藝的麻煩暫時得以舒緩。不過，元繁的戰死並不意味著安藝武田家氣數已盡。因為元繁的遺兒武田光和繼承父志，繼續負隅頑抗，後來更連同與義興有嫌隙的嚴島神社前神主友田興藤一起反抗。

然而，到目前為止，安藝武田家的反抗從大局而言，充其量只是其中一個引發後來西中國地區戰亂的一個火種，地區的局部性問題。真正要向義興問鼎霸主之位，讓義興決心要回國整治的人，已經準備一飛衝天了。他就是出雲守護代兼富田城主・尼子經久。就在義興回到山口前後，蓄勢待發的經久已在山陰地區開始統一地區的戰略。

英雄遲暮

成功需「靠爸」

相比早年得志、耀眼矚目的青年大名大內義興，用「英雄遲暮」、「大器晚成」來形容尼子經久看來是最好不過的。就如後面所述，理當是經久黃金歲月的前半生，絲毫不見證於史，但事後證明他就是一個大器晚成的人物，他的下半輩子才是真正的輝煌歲月。那麼，要說明為什麼經久能夠崛起，必先說明一下他的出身（圖1-11　尼子家系）。

尼子經久的生家尼子家是佐佐木源家之流，份屬著名武家六角家及京極家的分支。前者已於第一章提及，是近江國南半部的守護大名，而後者的京極家則是該國北半部的傳統名家，在當時也身兼飛驒（今．岐阜縣北部）、出雲（今．島根縣東部）及隱岐（同縣北部）三國的守護大名。

在經久的曾祖父尼子高久的時候分出了兩支尼子家，一支留在北近江，後來再分出了著名的戰國武將黑田孝高（官兵衛）的黑田家；而另一支則被派到出雲國當該國的守護

圖1-11　尼子家系

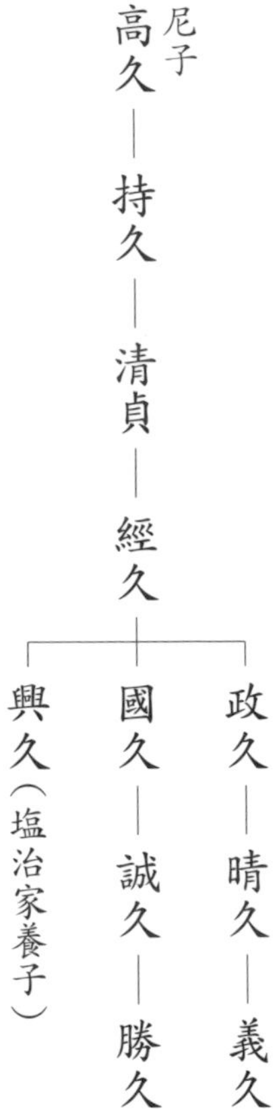

代，也即是經久一系了。

經久的父親清貞在任守護代的後期，剛好爆發了應仁文明之亂，主君京極持清屬於將軍義政、義熙的東軍，理所當然地尼子清貞也以東軍的身份對付出雲國內的西軍勢力。出雲國內的西軍勢力強勁，主要由長年控制著美保關物流，擁有強大財力的領主松田家和附近的三澤家為主幹，他們都希望藉戰亂的機會，將守護京極家的勢力趕出出雲，有利自己的發展，於是他們便跟清貞率領的京極軍展開多次激戰。最終，在清貞的奮戰下終於得到了勝利，並且拿下了美保關的控制權。清貞的奮戰就連京都的幕府管領細川勝元都有所耳聞，更發出感謝狀給清貞以作激勵。

但是，戰事並沒有結束，京極持清在京畿的戰況又十分吃緊，急需領國內調動軍資進行補充。可是，由於出雲國內的戰亂已使領主們十分疲弊，對於持清的索求自然感到不滿，加上就在清貞打敗松田家和三澤家後不久，主君京極持清便在文明二年（一四七〇）死去，由於持清長子．京極勝秀早死，持清死後引起勝秀兩個兒子爭執，幾經波折下，幕府改由持清的三子．京極政經繼任當家及守護職。

這時候，一度被清貞打敗的松田家為了還以顏色，便看準了機會，他在文明八年（一四七六）四月趁清貞冷不及防，於清貞所在的能義郡挑動不滿京極家的中小領主起來暴動。一開始清貞雖然受圍困，但依然得到了勝利，把暴動平息了。作為獎勵，新任守護政經決定將美保關交給清貞來管理，這個決定自然是反映了京極家對清貞的信任及倚重，同時也造就日後尼子家馳騁山陰山陽地區的重大起點。

失意青年

清貞在不久後便消息全失，恐怕是在那時候便離開了人世，經久便順理成章地接任守護代。早在文明六年（一四七四），剛剛平定松田家的清貞派了當時還叫「又四郎」的經久到京都，表面上是代替父親述職覆命，其實就是作為出雲守護代尼子家的嗣子到京都拜會主君京極政經。

所以，經久的「經」字顯然是來自於主君政經的，在當時的武士社會習慣中，主君與家臣之間的主從關係形式上是代代相傳的，但在主君或家臣更新換代時，則需要重新通過一些形式來重新確認雙方繼續維持這種關係，如今經久的得名也就是正式確立了他與政經的主從關係。

經久見到政經後，除了得到主君賜名外，還得到政經准許，免除剛拿下的美保關今後五年關稅額的五分之一。可以說這是新主君對新家臣的一份很大的見面禮，也足證京極政經對尼子家的器重。這時候，京極政經深感家族已被應仁文明之亂搞到焦頭爛額，在京畿早已無利可圖，而代代相傳的領國漸漸從自己手上溜掉。為了保住最富經濟效益的出雲國的控制權，政經決定親自到出雲國直接主持大局，重新樹立守護京極家的權威。剛好這時期有關經久的史料全無，當時究竟他的表現如何，我們已無法得知。

然而，事隔數年後的文明十四年（一四八二），也就是應仁文明之亂結束後四年，幕府突然斥責經久在出雲國玩忽職守，沒有按命令徵收段錢（註：將軍、天皇急要用錢時徵收的臨時稅），並再次要求經久徹底執行任務。

其實幕府趁前守護京極持清病死後，取消了多年來給予他的免徵段錢特權。如今幕府打算重新徵收，以資日用。可是上面提到，清貞晚年時的出雲國內已經飽受戰亂打擊，如今經久沒有奉命徵收段錢，除了無視遠在彼方的幕府命令外，也可能是他看到了地方的實情而抗命。

到了兩年後的文明十六年（一四八四），今次幕府又指責經久強佔寺社領地，拒絕遵照命令，在出雲國內徵收幕府的臨時徵稅；而事實上到底經久是否不收段錢，還是收不了，抑或收了不上繳，因為沒有史料佐證，只能推論。不過這次幕府不只是叱責，還指示附近的領主準備出兵打擊經久。大半年後，就連坐鎮出雲的主君京極政經都公開地指責經久濫權營私，公然搶奪其他領主的領地，這次連政經都指令家臣準備出兵打壓經久了。

上述的幕府及政經的書信都無法讓我們完全了解問題的具體情況，按照後來戰國時代晚期寫成的軍記物《雲陽軍實記》及江戶時代寫成的《陰德太平記》的說法，經久是公然地搶奪根據地富田城附近的土地，又因為年少氣盛，不聽從主君京極政經的命令，完全是問題少年般的舉措。

不過，幕府以及守護在大亂後都急需重建威信，以確保權威及利權如常，然而戰亂長期化之後，地方勢力尾大不掉的缺口便不容易補修。好像經久那樣身為守護代公然帶頭違抗幕府、守護命令的行為，在當時的日本其他分國都已有類似的情況，即使在出雲國內，好像後述的原本直屬幕府的領主鹽冶家和三澤家等也對幕府、守護的命令充耳不聞，依靠和平時代建立的威信及影響力高高在上的幕府、守護對於各地方開始不聽號令的問題當然感到十分頭痛了。

那麼，經久的行動背後到底是出於什麼原因呢？雖然沒有史料可循，但相信是因為大亂之後，包括出雲國在內的各地方秩序馳緩，經久又跟甫來出雲定居的主君京極政經關係不算熟，兩個人的利益、治理方針互相衝突等問題。政經與經久年齡相約，當時同樣正值壯年（政經三十歲，經久二十七歲），兩者之間一方訴諸實力，一方想維持權威，最終便引發了更大的對立及矛盾。

謎一樣的富田城爭奪傳說

經久濫權的問題最終怎樣解決，到現在仍然是個謎。縱使政經宣言打擊，但最終我們無法確定是否確實進行討伐。按照後來戰國時代晚期寫成的軍記物《雲陽軍實記》及江戶時代寫成的《陰德太平記》的說法，政經在文明十六年左右，命令出雲國內的領主們如三澤、三刀屋、朝山、鹽冶等一起出兵圍攻經久所在的月山富田城。經久寡不敵眾，於是被迫出逃流亡。政經事後將富山城交由鹽冶掃部助的家臣接管，直到翌年文明十七年底，經久利用奇招奪回月山富田城，實現奇蹟般的復權計劃。

然而，以上來自《雲陽軍實記》及《陰德太平記》的說法都沒有史料作證，理論上不足採信。而且，在這些記載中出現了當初以西軍身份對戰京極方的三澤家的名字，這顯然不太自然。加上，連同上述經久不聽政經號令，我行我素之類的描述，無不是軍記作者想我們一致認定，經久從一開始便是一個志在以下犯上，以打倒舊權威，成就霸業為目標的新星，於是《雲陽軍實記》及《陰德太平記》之類的說法是帶著既定的立場去描述事件，並且預先設定經久定必是一個野心勃勃的人。

我們唯一能肯定的是，經久受到攻擊的事似乎的確有發生，三澤家也似乎參與其中，但是否真的由政經策動則不能貿然斷定。從當時的情況來說，政經是否有必然的理由及實力打倒經久，而經久又為什麼沒有在「奪回」月山富田城後作出回應，這些都是難以自圓其說的。

因此，本書認為傳說中的月山富田城爭奪戰很可能只是軍記小說的想像，經久很可能並沒有被圍攻，而是一些敵對勢力借經久與政經不和之際，藉機對他進行攻擊而已。

總而言之，文明十六年（一四八四）至永正五年（一五〇八）左右為止的十五年間，我們無法找到任何記錄經久行動的蛛絲馬跡。接下來，我們試著將目光轉到他的主君政經的動向，或許能推測經久當時的狀況。

一度定居出雲的政經在文明十八年（一四八六）再次上京，因為在他斷斷續續地停留在出雲的時候，老家的近江國裡，持清的孫兒京極高清希望從叔叔政經身上奪回繼位權，政經被迫回京打算收拾殘局，但後來在長享二年（一四八八）以後的戰鬥都不太順利，政經又一度逃回出雲。永正五年（一五〇八）底，老邁的政經將出雲、隱岐、飛驒三國的管治權及愛孫吉童子丸交托給經久和多賀伊豆守後，再也沒有離開，於同年底病死在出雲國竹矢鄉的安國寺內，而吉童子丸後來也下落不明。

神佛與鐵

尼子經久從政經手上接管了出雲、隱岐、飛驒三國的管轄權，但出雲國的守護職的作用有限，因為一如上述，出雲國在應仁文明之亂後早已四分五裂，群龍無首，單憑落魄回流的守護交託的讓狀，斷然不足以號令群雄。他當時所處的出雲國可分為三個部分：

（一）自己身處的東出雲地區

（二）以三澤家為首的奧出雲地區

（三）以鹽冶家為首的西出雲地區

要將四分五裂的出雲統一，首先就要讓三澤家、鹽冶家屈服；三澤家與前述的松田家都是反京極家的西軍領主，應仁文明之亂後依然盤踞在奧出雲的三澤鄉一帶。另一方的鹽冶家則是幕府直屬的領主，本來便不聽從守護京極家的號令，因此，即使從京極政經手裡收下了讓狀，但對收服鹽冶家並沒有太大的作用。
然而，經過多年的空白後，重新出現在歷史舞台的經久已經是久經歷練的人了。面對以上的難題，經久想出了一個更絕妙的方法。那就是通過宗教來加強號召力。
永正五年九月，守護政經已處於彌留之時，經久呼籲出雲的領主們出資協助修繕國內首屈一指的宗教聖地、出雲國一宮杵築大社（今・出雲大社）。位於西出雲的杵築大社歷史久遠，而且宗教地位崇高，甚至連守護京極家也不能無視它的存在。因此，經久利用杵築大社遷宮改修的機會，讓領主們超越政治糾紛，利用宗教進行對話之餘，也強化了經久的號召力。
值得留意的是，向來修繕國家級的寺廟神社都是各國守護的職務，身為守護代的經久本應沒有權限的。如今經久雖然沒等政經撒手人寰便開始著手行動，但既已手執政經的委託，那麼經久其實已是事實上的「新守護」，所以，杵築大社的出資呼籲，等同是向國內外各界宣告自己已經「升格」的政治宣傳。
除了杵築大社，經久在翌年的永正六年開始，為出雲國內地位崇高的神社進行修繕，所及範圍從宍道湖東南岸的平濱八幡宮（今・島根縣松江市），遠至日本海傍的日御崎神社（今・島根縣出雲市大社町）都成為修繕目標，當然經久都要求國內領主一同分擔費用，但進行這些修繕事業對於打造自己成為神道的堅實信徒的形象，當然很有作用。及後的永正七年，經久更利用「守護」之權，介入了日御崎神社與杵築大社之間的領界糾紛，充分發揮了影響力，也更加鞏固自己作為一國守護者的角色。

與此同時，經久早在永正五年（一五〇七）便開始對佛教界展開滲透工作，先在當年對宍道湖西岸的鰐淵寺發出規條，又在永正十二年（一五一五）向國內的有力寺院寄贈木版法華經，象徵著經久已手握原本屬於一國守護的權限，並且以國內的佛法保護者的身份，向佛教界拉攏及宣傳。

話雖如此，單靠虔誠心並不足以服從，足夠的軍事力量才是真正能打開缺口的利器。經久在進行上述的修繕活動期間，也不忘出兵打壓對手，從史料上第一個被經久盯上的就是奧出雲的三澤為忠。

永正十一年十月，經久出兵打壓三澤莊的真言宗寺院岩屋寺（今·島根縣奧出雲町），但其實真正的目的，便是岩屋寺背後的三澤家。經久趁岩屋寺的寺僧逃到三澤家的領地後，便一口氣攻入三澤為忠的本城藤瀨城。三澤為忠雖然不及防備，但一直堅守不出，迫使經久暫時退兵（《岩屋寺快圓日記》）。

這次的打擊反映經久的「神佛」供奉政策背後，包藏號令群雄的野心。三澤家雖然逃過一劫，但這不過是經久統一出雲國的計劃的前奏。而且，此舉卻在後來收到了意外的效果。三澤家之後，下一個目標便是富甲西出雲，實力最強的鹽冶家。鹽冶家本身也是京極家、尼子家的同族遠親，所在的鹽冶鄉位於宍道湖西南，夾在流通出雲國的兩條大河斐伊川及神戶川之間，自古以來就是日本海水運的重要樞紐。也因為這地理條件，鹽冶家早在室町時代時已經開枝散葉，分家庶族如朝山、古志、大熊等家遍及出雲西部、西北地區，宗教上也跟剛才提及的日御崎神社及杵築大社關係密切。此外，奧出雲盛產的鞴鐵也通過斐伊川的漕運，經鹽冶鄉輸出日本海各地，因此，鹽冶家與前述的三澤家關係也十分緊密。

而且對外方面，由於物流運輸之便，鹽冶家與鄰近接壤的備後、安藝、石見三國的邊境領主們關係密切，這種關係也在日後為尼子家的稱霸埋下伏線。中央關係上鹽冶家很早就得到室町幕府的重視，成為直屬幕府的領主，政治上、財力上都不受守護京極家的掣肘。

以上種種都足以反映，經久要統一出雲，處理鹽冶家成為無可避免的一大課題。然而，跟富田城被奪一樣，鹽冶家在不明情況下，早在永正十五年（一五一七）之前便已經屈服在經久之下，並且迎接經久的三子興久作為當家。由於當中的過程毫無史料可徵，一般相信是因為當時與鹽冶家親密的鄰近領主們在大內義興不在後發生衝突，無時間幫助鹽冶家面對尼子家的壓力，於是鹽冶家便與尼子經久通過和平的談判，達成合作關係。這也相信是因為當時經久的實力，確實一時之間沒有能力將財雄勢大的鹽冶家處理掉，只能通過送出兒子來「接收」鹽冶家的財產。

經久這個如意算盤在十多年後因為後述的鹽冶興久之亂受挫，但以當時的局勢而言，縱然我們無法查證它的經過和手段，但結果上經久能夠將京極家也不敢觸碰的傳統強豪鹽冶家拉來合作結盟，他的政治手段可見一斑。

與鹽冶家結盟，雖然只是一時之計，但卻意味著除了奧出雲的三澤家外，經久在十年內已經將影響力滲透整個出雲國。

挑戰霸權

永正十一年（一五一四）前後，在區內有強大影響力的大內義興當時身在京都，備後、安藝、石見及因幡等國的領主雖然都忌於大內家的實力，對義興聽之從之，然而，前面提過一部分領主提早回來後，便出現了矛盾，又或者想借機擺脫大內義興的壓制。

就在經久推進出雲國內的統一時，前述的永正十一年攻擊三澤家事件在後來為經久帶來意外驚喜。原本三澤家就在奧出雲以及背後的備後、安藝北部山區有一定影響力，如今被尼子家打擊後，備後、安藝北部的領主們將目光轉到了異軍突起的經久身上。

其實，早在三澤家攻擊行動之前，備後北部的領主山內家，以及前備後國守護山名誠豐也向經久招手，希望借經久的援助，打壓國內親大內家的敵對領主，山名誠豐更是希望奪回備後的控制權。有趣的是，備後山名家原本在應仁文明之亂跟大內家一樣份屬西軍，與東軍的京極家對峙。時移勢易，現在為了對抗強大的大內義興，山名家與尼子家聯手，象徵著應仁文明之亂的陰影已經完全成為過去。

另外，出雲國東面的伯耆國（鳥取縣西部），同樣是該國前守護的山名澄之也藉機發起抗爭，還有西面石見國的前守護山名紀伊守也要求與經久合作。這些山陰地區舊勢力的再興，一方面讓大內義興倍感壓力的同時，也讓嶄露頭角的經久有機會將影響力伸展到出雲國外。

最早的支援由永正九年（一五一二）南下備後松永，支援本是出雲國出身的古志為信，對抗當地大內家勢力。永正十一年攻擊三澤家事件後，與出雲國接壤的備後、安藝、備中北部領主更是倚重尼子經久的力量。到了永正十四年，經久親自出馬南下備後山內（廣島縣庄原市），又與備中國北部的新見國經聯手，轉戰備中、美作國境之間。

從以上的對外軍事活動可見，經久的崛起印證了「時勢造英雄」這句老話，在大內義興不在之時，經久及尼子家即使還沒有大肆擴張，但通過支援反大內勢力，尼子經久在有意無意之間已經成長為反大內勢力的領頭。不用說，尼子經久與大內義興之間的對戰，已經是時間問題。

然而，在講述大內義興，還有其兒子義隆與尼子經久在西中國地區掀動霸主之戰前，接下來不能不提到另一邊牽扯大內家，間接影響戰局的第三勢力——大友家的動向。

力挽狂瀾

大友與大內

說完大內義興及尼子經久的發跡史後，西國風雲第一階段的最後一個主角大友家的情況又是怎樣的呢？（圖1-12　大友、大內關係圖）

大友家祖籍相模國大友莊，以豐後國（今・大分縣南部）府內為根據地。傳說開家之祖大友能直深得鎌倉初代將軍源賴朝寵愛，受賜九州豐後、筑後、肥後三國的守護之職，世稱「後三國守護」。大友家與獲封豐前、筑前、肥前三國（「前三國」）的少貳家，還有日向、大隅、薩摩三國（「奧三國」）的島津家三分九州，也成為中世時代九州的代表勢力之一。

到了南北朝、室町時代初期，一心想擴展勢力的大友家初時與幕府派駐當地的九州探題今川了俊，後來又與同樣想爭奪關門海峽以及當時最大貿易港口博多港，以至北九州的筑前（今・福岡縣東北部）與豐前（今・大分縣北部）兩國控制權的山口大內家長期作戰。

圖1-12　大友、大內關係圖

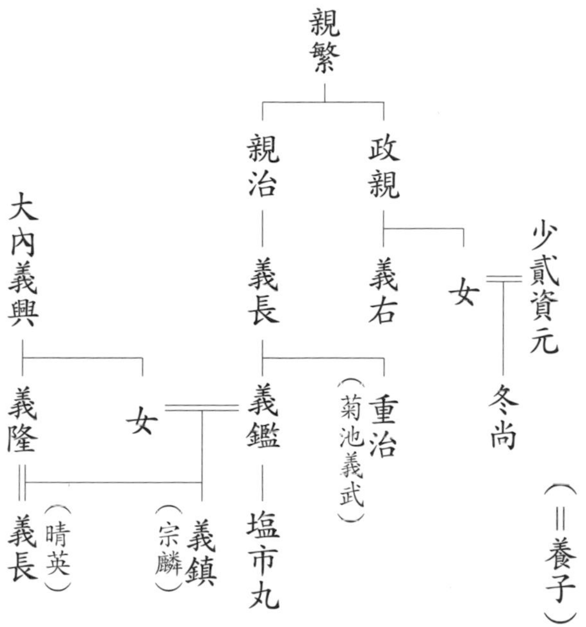

此外，在日本與明帝國的勘合貿易上與大內家競爭的管領細川家也在背後牽引，與大友家聯手牽制大內家，使大友、大內兩家劍拔弩張之情勢更添複雜。另一方面，大友家與大內家也曾經為了停戰，而數次結下聯姻。然而，在後面將會提到的大友政親與大友義右父子骨肉相殘的悲劇中，不難發現大友家與大內家的聯姻往往只收一時之效，卻引來了更大的混亂。

著名的大友義鎮（宗麟）的父親大友義鑑曾經對旗下領主說：「（當家）對大內家，遺恨更是難以忘捨也」。可見大友家與大內家之間的恩恩怨怨一直到了戰國時代仍然是難分難解，甚至已經到了兩者存一的局面。兩家都試圖消滅對方，於是配合中央政局，以及九州當地的戰況，兩家在戰爭及外交上展開了殊死較量。

父子相殘

在應仁文明之亂及上述的明應之變時，積極箝制大內家的細川勝元及細川政元父子都通過挑動大友家與及筑前的少貳家入侵大內家在北九州的控制地，藉此阻礙大內家的軍事行動。雖然如此，大內家既非泛泛之輩，大友家本身也出現骨肉相殘的問題，這個東西夾擊戰略其實難以實現。

明應之變發生後，大友家內部為了支持被廢的義稙與否，引發了當時的當家大友政親與兒子義右很嚴重的對立，從結果而言，這次父子相鬥事件與死對頭大內家息息相關。事實上，那時候的大友家自室町時代中期開始，便一直以父親生前讓位給兒子，再以指導者、顧問的身份繼續手握大權的方式執政，簡單來說，兒子在父親死去為止都只是表面上的當家而已。在明應之變發生時，大友政親也早在文明十六年（一四八四）決定將當家之位讓給兒子義右。

這裡要首先說明一下這對父子的姻親關係。大友政親的正室，即義右的母親是大內義興的姑母，而義右的正室又是大內義興的妹妹，換言之，大內義興既是大友義右的表兄弟，也是大舅子大舅。當初，政親迎娶義興姑母，完全是出於政治需要的婚姻，政親本人也似乎並不喜歡大內家這個姻親，所以後來細川政元招手夾擊大內義興時，立即表明支持的態度。

不過，份屬大內家外孫兼女婿的義右卻與大內家關係異常的密切，即使只是名義上的當家，但政親也不能再無視已經成年的義右的立場了。然而，義右積極地響應被廢將軍義稙的號召，與同樣支持義稙的大內義興站在同一陣線，這都並非政親希望看到的。

除了政親父子在外交路線有分歧外，大友家內部也有種種的不穩，早在義右繼位時，便有家臣反對他接任，剛好政親當時因為將軍義熙剛於近江病死，要上京弔唁。沒有父親保護的義右深感危險處處，一度逃到山口投靠舅舅大內政弘（義興之父），尋求庇護。義右後來雖然得到大內政弘的支持回到豐後，但政親之弟．日田親胤因為不滿親大內的義右歸來，於延德元年（一四八九）發起了叛變，被同樣是政親弟弟的大友親治出兵打敗而亡。

對事件有影響力的大內政弘於明應四年（一四九五）病死後，新當家義興便改變父親的外交方針，積極干涉大友家的父子之爭，並且支持義右完全接掌政務。不久後，明應政變發生，逃到越中的將軍義稙將從明朝回來的遣明船上的珍寶貨品為酬勞，尋求大內、大友兩家的協助。另一方面，上述的細川政元又拉攏了大友政親等反大內的領主。

可見，大友父子的內訌事件不僅與大內家密不可分，現在又增添將軍義稙，還有遠在京都暗掌乾坤的細川政元都摻合進來，使問題更加難以解決。

其實，政親心底裡一直希望將兒子的「大內家基因」拔掉，並不希望大友家在兒子手上變成了大內家的傀儡。可是，政親又嫌義右沒有主見，總在大內家、大友家的重臣們之間左右搖擺。大友政親又點名同族的兄弟大聖院宗心為「讒者」，痛斥宗心從中挑撥離間，致使父子義絕，對於大友家的重臣們沒有積極地調解，卻首鼠兩端的表現感到憤怒。

然而，政親強硬地反抗大內家的立場也引起了義右，以及支持義右的一派不滿，重臣們也似乎對政親的立場頗有微言，於是大友家各派的關係日益惡化。如今，明應之變的政治難題已經波及大友家，這個政治炸彈在政親、義右和家臣們之間的種種猜忌與不滿之上，增添了更多的火藥味。

然而，就在這個時候，義右於明應五年（一九四六）五月底得急病而死，背後便有傳言指政親派人毒死義右，然而，根據當時的記錄，在義右病死前，政親已經乘船離開豐後，暫避風頭，毒殺之說很可能只是傳言而已。

離開豐後的政親一行途中遭遇風暴，輾轉地航行到長門國赤間關（山口縣下關市），隨即被駐紮當地的大內家守將杉武道截獲。一心要穩住北九州戰況的大內義興，藉著為義右「報仇」之名，最後迫令政親自殺「謝罪」。

持續了近十年的大友家父子之爭便以這樣戲劇性的方式落幕，大內家奇貨可居，在這場內訌中可謂盡收漁人之利。

亂中振作

政親與義右父子在同一年內雙雙死去，大友家陷入群龍無首的恐慌，這時候毅然站出來主持大局的，便是之前介紹過的政親之弟．大友親治。政親客死異鄉後，義右派的家臣便群起舉兵，親治立即率軍在同年平定叛亂後，正式被重臣擁戴為大友家第十八代當家。然而，這時候對於親治收拾亂局感到不安的，便是把政親迫死的大內義興。

好不容易將大友家逼入絕境，有利大內家操縱北九州的戰況，現在卻被親治破壞好事。於是，義興立即作出回應，這次他便看上了被大友政親指罵為「讒者」的大聖院宗心。義興聯絡義稙，承認宗心為新的大友家當家之餘，還著令他在豐前、豐後糾集反大友親治的勢力，再聯絡想擺脫大友家自立的他國領主，與新成立的親治政權作對抗。

面對大內義興的戰略，大友親治一方面極力確保兩個將軍（義稙、義澄）盡快承認自己成為當家的事實，另一邊則以實際的軍事行動打擊大內家在豐前的防衛，於是，自明應八年開始，兩家便在關門海峽南部的豐前國宇佐郡展開三場大戰，即門松城之戰、妙見岳之戰，以及兩年後（文龜元年＝一五〇一）有名的馬岳之戰（福岡縣行橋市）。

這期間，親治在外交上終於取得了突破。首先，明應七年（一四九八）親治繼承兄長政親的路線，加入了細川政元包圍大內義興的陣線，正式與細川家聯手。其次，親治以此作為籌碼，爭取將軍義澄承認自己為大友家的新當家，並且獲得了派出、管理遣明船的任命權。第三，親治又獲義澄任命為幕府的九州御領代官（行政官），對九州的幕府領地有管理權。雖然這個代官之職只是虛銜，但任命本身對於大友家日後雄霸北九州有著重要的政治意義，後章再談。

此外，三年後的文龜元年（一五〇一），也就是上述的馬岳之戰前夕，親治長子親匡獲將軍義澄賜名，以及承認為大友家的新當家，改名為「義長」。雖然親治退居幕後，但由於義長不甚健壯，於是還是得協助他處理家政。

外交上得到勝利後，大友親治當然也要有所行動，尤其是得到了幕府承認自己的政治身份後，便要對大內義興進行報復工作了。

首先在明應七年（一四九八）出兵豐前國下毛郡（今．福岡縣豐前市），將大聖院宗心趕出九州，然後第二年的明應八年（一四九九）支持及推動了杉武明及大內高弘的政變，試圖「以彼之道還施彼身」的方式回應義興策動大聖院宗心的反亂，雖然高弘一黨的政變失敗，但親治將高弘接到豐後，準備留待他日再行動，大內與大友兩家之間互相策反對方的族人，以搞亂對方陣腳，在戰國史上可謂十分罕見，也可以說，正因為兩家百多年來恩怨相纏，才能做到這種交鋒吧？

除了策反內部，親治還在上述的馬岳之戰中，大大地打擊了大內家在豐前國的守衛佈署，大內方守將仁保護鄉以下過半戰死，大友軍又成功阻斷從山口前來支援的援軍，使馬岳城完全孤立下陷落。

馬岳之戰意味著大友家重奪豐前國部分的控制權，但由於同時間的肥後國出現政治危機，親治不得不分心處理，而大內方也因為義興正在駐京，並沒有進行大規模的反擊行動，因此，直此大永元年（一五二一）為止，雙方都沒有在豐前國一帶進行同樣規模的交戰，同地區也得到一時的小康狀態。

進出肥後

親治與義興在豐前國進行初次較量後，豐後國西面的肥後國（熊本縣）突然出現了麻煩。肥後國是九州九國中面積最大的，大部分時代由南北朝的英雄菊池武任的子孫擔任守護，但由於幅員廣大，菊池家在肥後國只不過是其中一個在北部盤踞的勢力，東部阿蘇山區的阿蘇家、南部的球磨地區的相良家，以及西部有明海的宇土家、名和家都是勢均力敵的領主。

永正元年（一五〇四）初，守護菊池能運病死後，由於沒有子嗣，由同族的菊池政隆（又名「政朝」）接任。可是，由於政隆能力平平，肥後國各方勢力以及鄰國的大友親治都無視他的存在。這時候，鄰邦阿蘇郡的名門阿蘇家的當家阿蘇惟長對菊池家垂涎三尺，並且索性把當家之位先讓給了弟弟惟豐，待試圖奪下守護之位後，再與弟弟聯手擴大阿蘇家的地盤。這跟大友家的打算完全一樣。

不過，大友親治及兒子義長的算盤則不止於此，他們希望擴大在肥後的影響力後，再向接壤的筑後國下手，於是便打算先與阿蘇惟長聯手，待奪下菊池家後再處理惟長的去留，而另一邊的政隆則與長年友好的相良長每合作對抗，再聯絡遠在山口的大聖院宗心等反大友派從後搞亂。

永正三年十月，大友家派出由重臣朽網親滿率領的大軍從阿蘇郡攻入肥後，連同阿蘇惟長與菊池政隆軍對戰，政隆一直依重的相良長每意外地沒有積極出兵，最終政隆戰敗，逃到內空閑城堅守不出，後來再逃到筑後國，圖謀再起，但最終在永正六年（一五〇九）被大友家所敗，被迫自殺。與大友家合作的阿蘇惟長則如願以償，在事實上成為了新的肥後守護，兼且改名為「菊池武經」，彰示自己的意志。然而，惟長的勝利並不長久，很快他便跟菊池家的家臣以及打算翻臉不認人的大友家鬧出不和。最終意興闌珊的惟長退回阿蘇家，打算從弟弟惟豐手上拿回阿蘇家的當家位子，卻引發了兄弟之間的不和。另一邊圍繞著菊池家的處理問題，惟長率性而行的行徑也埋下了日後大友與阿蘇翻臉的伏筆。

恢復安寧

大友家熬過前代的大內亂後，在親治及義長的努力下，暫時獲得安寧，而且在豐前及肥後的戰事中也有不少收獲。雖然義長生來身體虛弱，一直都要靠父親協助治理，但並不代表他便是碌碌無能之輩。父子二人直至義長於永正十五年（一五一八）病死為止的十七年間，一直在內政上整頓大友家的編制。

其中最為重要的就是以義長的名義，制定了堪稱戰國九州地區第一部大名法規《大友義長諸條十七條》及《諸條追加九條》。兩部合共二十六條的規定除了針對領國的支配、行政架構，以及家臣規範的明文化外，還在軍事制度上有了明確的指引，也就是後來有名的，大友家獨創的「方分制」，簡單而言，就是在室町幕府的地方支配制上再加改良的一套地方管理和軍事指揮系統，一直沿用至大友家在關原之戰被完全改易為止。

義長雖然留下了這套法規，但它真正得以活用及實行的，要等到他兒子義鑑繼位後。義鑑在永正十三年（一五一六）接受父親義長的讓位，成為當家，是為真正奠定戰國期大友家基礎的重要當家。那時候祖父親治健在，與義長一起匡輔義鑑。此舉一方面是因為義長身體越來越差，已不能主理政事，同時也是要確保親治、義長的政策得以繼續延續下去。

不過，出乎意外地的是，同年八月，義鑑甫接位便發生了一次內亂。那時候因故已被解除政務的重臣朽網親滿不滿被罷免，於是又跟死心不息的大聖院宗心等反大友勢力勾結，試圖一舉打倒大友家。不過，跟以前數次的圖謀一樣，這次計劃又在事前被揭發，宗心逃回山口，親滿逃到北部的玖珠郡作最後抵抗，幾經波折，在三年後終於兵敗戰死。

對於剛接任的義鑑來說，朽網親滿之亂並不是一次打擊，而是一次意外收獲。因為原本位居重臣的朽網親滿所有的領地不少，歷過叛亂後，他的領地都被全數收公，這些土地也成為新上任的義鑑廣賜親信，重新分配利益，以及培養近臣的好機會，更成為日後他主要的軍事力量。

從結果而言，朽網親滿之亂對大友家而言是因禍得福的事件，事件發生後兩年，大友義長病死，義鑑繼續接受祖父親治指導，直至大永四年（一五二四）親治病死為止。這時候的大友家已經從內亂中恢復元氣，準備在義鑑的時代與死對頭大內家繼續下半場的北九州爭霸。

大友義鑑與大內家的對決

成功鎮壓朽網親滿之亂後，新繼位的大友義鑑對菊池家的干預也已無後顧之憂了。面對著北面的宿敵大內家隨時會借機攪局，義鑑小心翼翼地開始進行政治工作。經過盤算後，大友家在永正十七年（一五二〇）決定派出義鑑的弟弟重治（後來改名「義國」）入主菊池家，並且利用大友家的軍事力量，迫使了菊池家的重臣們接受重治的繼位。顯然，對於大友家來說，他們需要的不是中興振作的菊池家，而是一個甘效犬馬之勞的馬前卒而已。然而，這個設定卻在不久後引發了另一次的對立。

這個問題的背後還是離不開大內家在背後的推波助瀾。就在大友家處心積累進出肥後的時候，大友家在北九州與大內家的對決雖然暫時告一段落，但當大內義興在享祿二年（一五二九）病死，其子義隆接任後，短暫的和平也隨之一去不返。血氣方剛的義隆沿襲亡父從前的方針，執著地要將北九州的筑前、豐前及肥前三國拿下，一舉強化大內家對朝鮮、明朝貿易的壟斷地位。

為此，長年負隅頑抗的肥前少貳家再一次成為大內家的眼中釘、肉中刺，義隆接位後便連年派兵對少貳家開戰，同時為了阻止大友家攪局，大內義隆重施遠交近攻的老策略，呼籲與大友家不和的領主們起來牽制大友家，阻止大友家救援少貳家；其中一個響應的就是剛接任菊池家的義鑑弟弟・重治（義國）。

起初，重治剛入主菊池家時，還是與大友家同心同德的對付大內義隆的，但到了後來的天文初年（一五三〇年代初）卻反過來成為大內義隆的同盟。義鑑與重治為什麼會走上兄弟鬩牆的局面，至今仍然眾說紛紜，一般相信與重治不甘心只當一名為兄長所用的傀儡領主有關。畢竟當年送重治入主菊池家時，大友家為免重蹈阿蘇惟長的覆轍，並沒有附派很多家臣去取代原本菊池家臣們的位置，而是採取軟硬兼施的手段，爭取菊池家臣們的妥協。因此，重治入主後，菊池家臣仍然享有不變的自主權，他們自然也不會甘願平白地為大友家奮鬥，更不願意造就一個強大的大友家損害自身的利益。適逢大內義隆打出重回九州政策，菊池家臣們於是出於利益考慮下選擇了與大內家聯手。

進入天文年間，義隆對北九州的軍事行動越發增強和頻繁。天文二年（一五三三）義隆派出兩朝元老兼家中第一重臣陶興房入侵筑前國，並且公然邀請菊池家從肥後起兵攻擊筑後的大友領地；這時候，前面提到的肥後國的部分領主名和家、相良家，還有筑後國南部反大友的領主們也一同和應。

不過，由於並非所有肥後國的領主都願意追隨反大友的行動，導致菊池重治反抗兄長的軍事行動只落得雷聲大雨點小的結果，同時，本來只想盡可能牽制大友家的大內義隆根本沒有打算另外分兵支援肥後的反大友派。雖然如此，肥後、筑後的反大友派仍然能夠借助大內．大友在北九州的主戰場連年大戰的幫助下，一度在後方緩慢地侵擾著大友家。然而，不勝其煩的大友義鑑最終還是派出反擊軍將肥後的反大友派各個擊破，菊池重治也被迫逃離菊池家。

菊池家領頭的肥後、筑後兩國領主的反大友家行動最終無疾而終，而大友與大內兩家在九州北部的戰亂也處於膠著狀態。當初，意氣風發的大內義隆為了完全消滅少貳家已做了大量的政治、軍事準備，甚至還向朝廷請求任職「大宰大貳」的官位，實行從政治名分上一舉壓垮少貳家（筆者注：少貳家原本稱為武藤家，後來獲得了大宰府次官「大宰少貳」的官位後被稱為少貳家。大內義隆請求任職「大宰大貳」之官就是要宣示大內家凌駕、取代少貳家的決心。）

盡得政治名分後，大內義隆再次派出陶興房等最得力的大將在天文五年（一五三六）再次入侵肥後，這次少貳家沒法再次逃出大內義隆的魔掌，同年五月，拚命打算東山再起的當家少貳資元還是跟他的父祖一樣在大內家大軍包圍下兵敗自殺，死前將兒女送出城外，為少貳家他日的再起留下火苗，但這次少貳家的復興之戰還是無功而回。

少貳家雖然再遭挫折，但大友義鑑與大內義隆的戰鬥沒有因此而結束。除了上面提到誘導肥後・筑後的部分領主從後攪局外，大內義隆還把目光轉到大友家大本營豐後、豐前兩國內，試圖更深度地攪亂大友家內部。然而，豐後、豐前的領主卻沒有輕易接受大內義隆的誘引，結果大內家即使消滅了少貳家的復興計劃，但還是無法阻止大友家加入戰團。

兩家在天文三年（一五三四）一年內在周防灘及豐後國東半島之間的海上，以及豐前等地進行了多次中小型規模的海、陸戰，大內家雖然多次實施攻勢，但都被大友軍阻擋回去，到了同年四月六日，雙方在豐前大村山（今・大分縣杵築市）爆發了著名的「勢場原之戰」（又稱「大村山之戰」）。這場雙方都損失慘重的大戰可說是戰國初期北九州地區規模最大的戰事，然而，慘烈的戰況將無法引導出勝負，最終雙方還是各自負痛地撤出戰場。勢場原之戰對雙方帶來的損失導致原本漸趨激烈的對戰又轉回拉鋸戰的格局，其間只發生了零星的衝突而已。

就在這時候，遠在京都的將軍足利義晴應大友義鑑的之請於天文七年（一五三八）三月派使僧來到九州為兩家進行和平斡旋工作，為兩家停戰提供了下台階，兩方都同意以退還交戰中所得的土地為條件作和解。就這樣大友義鑑與大內義隆之間的對決又再一次有驚無險下結束。

與大內家在北九州的對決再次不了了之後，除了趕走了弟弟，自己名義上兼管了菊池家，並且把肥後守護據為己有外，在史料上已找不到義鑑有其他大的動靜，直至他突如其來的橫禍……。

奮發圖強

三國大亂

正當北九州地區陷入大內家與大友家時和時戰的混亂局面時，九州南部同樣處於混亂不堪的局面。在那裡，南九州最大的武士名門．島津家正因為自身跟支族，以及當地領主之間的對立焦頭爛額，不知到何年何月才有結果。

島津家自鎌倉時代以來便是南九州薩摩、大隅（今．鹿兒島縣）、日向（今．宮崎縣）三國的守護大名（嚴格上說島津家在日向國充其量只在南半部有影響力），經過近二百多年的發展，島津家在三國內繁衍，派生出諸多庶族、分家，與其他當地豪族領主亦結下糾纏不清的利害關係（圖1-13　島津家系）。

同時，島津家在南北朝時代因為政治立場分裂後，於緊接的室町時代應永年間（一三九二至一四二七）宗家與庶家之間爆發了對立，形成了長期的戰亂，而且三國的豪族領主也先後捲入島津家各族的大規模內訌之中，結果導致這些豪族自己內部也因此出現

圖1-13　島津家系

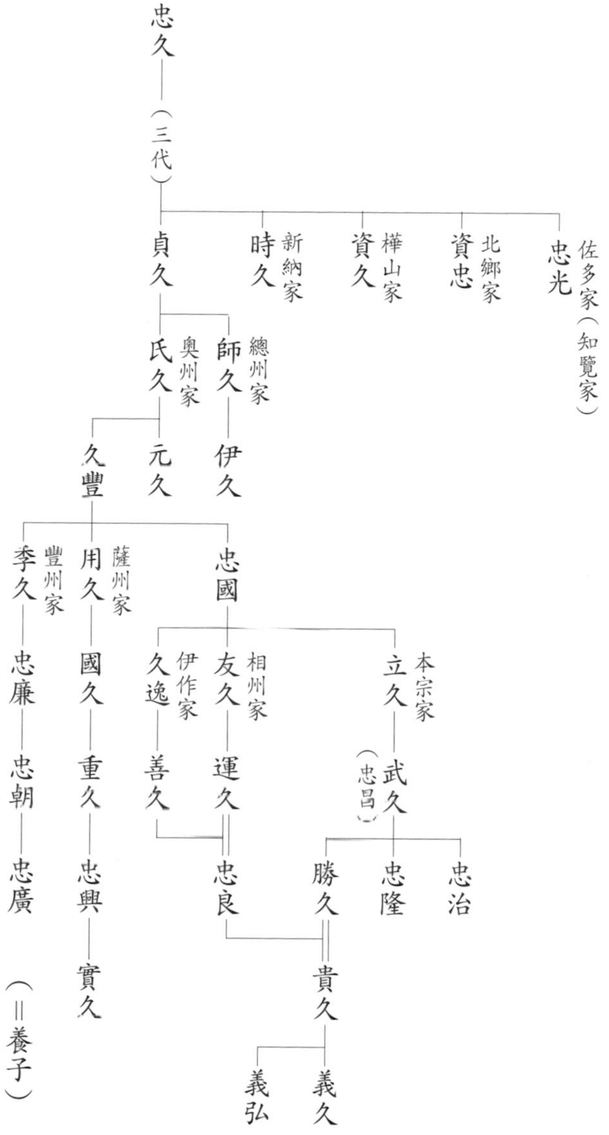
忠久
（三代）
貞久
新納家
時久
樺山家
資久
北鄉家
資忠
佐多家（知覽家）
忠光
奧州家
氏久
總州家
師久
久豐
元久
伊久
豐州家
季久
薩州家
用久
忠國
伊作家
久逸
相州家
友久
本宗家
立久
忠廉
國久
善久
運久
（忠昌）
武久
忠朝
重久
忠良
勝久
忠隆
忠治
忠廣
忠興
貴久
實久
（＝養子）
義弘
義久

了一族分裂的狀況。與此同時，島津家的各家以及當地的豪強領主出於地緣政治的考慮，以及百多年來互相通婚聯姻，建立起極為複雜的關係。這些姻親關係與政治對立糾纏在一起，使得問題越發複雜。（有關南北朝・室町時代的九州，詳見本系列第二卷《日本南北朝室町時代史》）

雖然，守護「奥州家」（因為各代當家官拜「陸奥守」而得名，以下簡稱為「奥州家」）在平定三國內的叛亂亦屢有成果，並且在討伐成功後，會將敵方領地沒收，再分給自己的近族以及支持自己的豪族領主，希望他們能拱衛自己，鞏固根基。然而，這些再派分出去的分家及領主們隨著時代、血緣的疏離，跟宗家「奥州家」的關係也越來越薄弱。

到了應仁文明之亂之時，支持京都哪一邊陣營的問題導致這些對壘的島津家各家以及豪族們的對立更加嚴重。作為三國的政治最高領袖・守護島津家「奥州家」因為無法強勢地解決長年的諸家各族矛盾，威信漸失，地位早已岌岌可危。在這個時候，與「奥州家」對立的兩系分家「島津豐州家」和「島津薩州家」便利用京都的大亂而與宗家唱反調。

其實「島津薩州家」與「豐州家」本來就是宗家「奥州家」扶植出來，鞏固根幹的有力分家。當中，「薩州家」的實力最強，在平定地方動亂中屢有貢獻。然而，眼看「奥州家」越來越不濟後，「薩州家」便開始不受節制；於文明八年（一四七六）利用應仁文明之亂的政治問題，連同「豐州家」、鄰國肥後國人吉（今・熊本縣人吉市）的領主相良家，還有薩摩國西北地區的領主一起舉兵，以共同防止當時的守護「奧州家」當家．島津忠昌濫用職權，橫行霸道為名，協議共同進取，立場同一地展開對抗，實則是領頭的「薩州家」希望藉此一舉打倒「奧州家」，取而代之。

面對強大的同族聯手起兵，島津忠昌對抗半年後，在文明九年（一四七七）四月選擇妥協，願意在國事上與「豐」、「薩」兩家以及領主們共商共議，換言之就是放低守護的身段，與各方勢力共享權力，可以說，這場文明九年的大和解堪稱薩、隅、日三國版的「英國大憲章」事件。然而，凡事總有得失，當忠昌選擇大和解後，守護家的家臣表達了強烈的不滿，原本他們便是靠著擁護守護「奧州家」來對抗反抗勢力的領主，如今守護率先屈服，意味著他們日後在對抗反抗勢力時便會捉襟見肘，處處受制。

反之，通過這次發難成功迫使守護讓步後，「薩州家」及「豐州家」更加相信守護沒落只是時間問題，「大憲章」式的和解最終只換來短暫而表面的和平。

守護自殺

宗家「奧州家」跟「豐」、「薩」兩家的矛盾一觸即發時，其他的島津家分家更加是亂成一團。他們跟周邊的豪族為了爭奪領地附近的港灣、山澤資源的使用權而出現爭戰，對早已焦頭爛額的守護自是不作一顧。這些分家與豪族都沒有完全壓倒對方的實力，最終便跟上述的「豐州家」、「薩州家」一樣，選擇向其他勢力救助。當中，除了上述的肥後相良家外，最為積極介入三國大亂的便是日向國的有力豪族伊東家。

日向國的伊東家跟島津家一樣，早在鎌倉時代便在日向國都於郡地區（今・宮崎縣西都市）紮根，在室町時代，一開始曾受到島津家的欺壓，但後來島津家開始內亂後，伊東家便藉機會積極與幕府大搞外交關係來自保，得以逐漸發展起來。到了文明年間，應仁文明之亂使島津家四分五裂的情況更加嚴重，甚至波及到日向國，讓剛好崛起的伊東家有了蠶食、擴張之念。

文明十六年（一四八四），統治日向國南端櫛間地區（今・宮崎縣串間市）的「島津伊作家」與北鄰飫肥地區（同縣日南市）的領主新納家為了爭奪飫肥在內數個最繁榮的港口而起了兵亂。為了加大勝算，「島津伊作家」決定聯絡新納家北鄰的伊東家一起夾擊進行夾擊，而早已等待機會的伊東家當家・伊東祐國立即表示欣然同意，很快便出兵南下。

不過，這次伊東祐國的入侵卻挑動了本來勢成水火的守護「奧州家」、「豐州家」及「薩摩家」的神經，在防止更多的外地勢力干擾內亂的共同前提下，三家同意先把伊東家趕走後再作打算。終於，伊東家連同「伊作家」爭奪飫肥等地的計劃也被三家聯手粉碎。伊東祐國雖然被迫退兵，但箭在弦上，不得不發，祐國不願放棄本應到手的機會，於是在文明十七年（一四八五）獨自出兵南下攻打新納家，這次不是幫助伊作家，而是自編自導自演的侵略戰。

這次赤裸裸的入侵再次引起了守護島津忠昌的注意，為此，忠昌再次暫停與分家的對戰，再次糾集國內領主前去救援。結果，這次的大戰再次由島津家取得勝利，伊東祐國更戰死沙場，伊東家大敗而回，也因此元氣大傷，三十年後才能捲土重來。

成功打跑了伊東家後，島津忠昌進行了戰後處理，引發外敵入侵的伊作家以及新納家被罰更換領地，由日向國移封到薩摩國，而他們的領地便由「豐州家」來接收，這處理明顯就是按照「大憲章」的精神，以及化解上次內亂的一個妥協安排，換取「豐州家」息事寧人。

這樣一來，難得聯手的守護「奧州家」、分家「豐州家」及「薩摩家」雖然暫時得到了和平共存的時光，守護島津忠昌便藉此空隙去討伐其他的作亂領主。不過，單靠守護「奧州家」的實力去鎮壓叛亂已經不太可能，在理想與現實的差距下，忠昌的爭戰只落得越爭越亂的局面，三國的亂局還是持續下去，直到二十多年後一件震撼三國的大事件發生，才出現了重大的轉變。

永正五年（一五〇八）三月，作為守護，一直奮力捍衛宗家尊嚴以及守護權威的島津忠昌突然自殺，一般相信他是因為三十多年努力下，依然無法改變亂局，憂憤之下自行了斷，這也是戰國史上少有見聞的例子。無論如何，守護自殺的事件傳出後，原本各自攻戰的各方勢力當然大受刺激，可是，這個突發的政治事件卻沒有對亂局有什麼正面幫助，反而引發了各方勢力覬覦守護之位的野心。

特別是忠昌死後，繼承守護之位的兩個兒子，先後在十年內死去，於是忠昌的三兒子島津勝久便在永正十六年（一五一九）接過大位，雖然勝久沒有英年早逝，但當時年僅十六歲的他要駕馭當前的困局，顯然是不可能的。在強大驕恣的分家以及無視權威的豪族面前，守護「奧州家」的沒落已進入倒數時間。

不過，勝久並沒有打算就此退出歷史舞台，為了作最後的反撲，他選擇以退為進，實行「拉一個，打一個」的策略。他繼位後的同一年，即永正十六年（一五一九）便提出與自己的大舅子，即最強大又最有野心的「薩州家」當家島津實久合作，擺出與其共享權力的姿態。兩者合作了數年後，島津勝久發現快要壓制不住實久的野心，便改向同樣對「薩州家」坐大感到不滿的「伊作家」當家．島津忠良招手，借忠良之手來對抗、圍堵實久。然而，後來的發展證明，島津勝久這個策略是引狼入室的失誤，因為跟島津實久一樣，島津忠良同樣對守護、宗家之位垂涎三尺；在忠良的角度而言，勝久的招手無疑就是給了他自己爭雄的機會，而當時所有人都不知道，這個野心勃勃的島津忠良，便是日後讓島津家名揚天下的關鍵人物。

中興之祖

島津忠良之所以被後來的子孫尊稱為「日新公」（忠良出家後，法號「愚谷軒日新齋」），是因為他在今後的歷史發展中，為平定三國長年內亂，以及島津家雄飛九州起了很大的作用。忠良出身於上面提到的島津伊作家，但幼年喪父後，母親為了保護兒子的安全及家產，在明應九年（一五〇〇）決定改嫁給同族的島津「相州家」當家．島津運久。「相州家」是守護「奧州家」血緣最親近的支族，是「奧州家」最依重的一支分家。由於運久多年無子嗣，於是接受忠良母親的改嫁條件，收養忠良為養嗣子，結果促成了「伊作家」與「相州家」的結合，當時年僅七歲的忠良使盡得兩家的財富。

永正十年（一五一〇），忠良繼承了養父的位置，正式成為「伊作家」與「相州家」兩家的當家。兩家的結合使忠良一躍成為一個不能忽視的人物。忠良在接任之前，已從「薩州家」迎娶了當家．島津實久的長姊．東姬作為正妻，換句話說，忠良是實久的姊夫，本應能夠相互合作的；然而，上述的宗家不振的問題上，這種姻親關係終究使旗鼓相當的兩家成為了政治對手。

忠良繼位、娶妻時的南九州亂局越發惡劣，先有伊東尹祐為繼承亡父祐國的遺志，決定捲土重來，趁著島津勝久於永正十六年（一五一九）甫繼位之時，人心未穩，再次在日向國發動侵略，對才移封到當地不久的「豐州家」展開攻擊，然而，尹祐突然在陣中病死，使得這次危機有驚無險地得以化解。

另一方面，前段提到守護島津勝久提出與「薩州家」的島津實久共享權力失敗後，於大永六年（一五二六）招請新起之秀忠良前來制衡。原本份屬姻親的三家就在政治權力的角力中，成為了博奕的對手。島津忠良接受勝久輔政的邀請的同時，也不忘作深謀遠慮的打算。他為了使自家能夠更上一層樓，同時為免勝久日後過河拆橋，便要求無子嗣的勝久收養自己的長子．貴久為養子，換句話說，就是要勝久交出守護及宗家之位，作為協助對抗「薩州家」的交換條件。起初勝久同意了忠良的要求，並且在第二年的大永七年（一五二七）將居城鹿兒島城也一併讓出，到了忠良安排的伊作城歸隱。

眼看計劃快將實現，事態本當完全順著忠良的盤算發展時，深感不妙的薩州家島津實久決定作最後的反擊。他派人勸說勝久反悔，不要將守護的位子及名份都拱手讓予伊作家，為他人作嫁衣裳。

原本心有不甘的勝久最終被實久這番勸導打動，很快他便對外宣布，先前跟忠良、貴久父子的承諾無效，自己仍然是薩、隅、日三國的守護兼島津家宗家的當家，並且重新跟「進諫」有功的島津實久合作，對抗忠良父子。另外，除了野心勃勃的實久外，忠良父子將成為新守護的消息傳遍原本四分五裂的薩摩、大隅以及日向三國內時，部分領主擔心忠良父子的實力大幅提升，會影響到亂局的發展，還有守護勝久的家臣也對於守護換成外人來擔任也心有不服，於是這些勢力便各自起兵，用行動來表態。

忠良在爭奪守護之位時政治上雖然曾佔先機，但一開始太過順利，反而弄巧成拙。如今，轉眼間被勝久耍弄後，優勢已失，加上勝久跟薩州實久聯手，還有一群反對領主在各處起事，單從軍事實力上而言，也難有勝算。不久後，忠良與貴久父子便被氣勢凌人的薩州實久軍趕出鹿兒島城，回到領地等待東山再起的機會。

然而，守護島津勝久只是利用實久的焦慮而將計就計，說白了就是互相利用。當忠良父子敗下來後，兩人的合作很快又再出現裂痕。一直左右逢源，借力打力的勝久回到位子後，並沒有痛定思痛，吸取教訓。尤其在政治問題上出爾反爾的舉動，引起部分家臣的不滿之餘，給了薩州實久干預的機會後，更是成為助長實久蠶食自己權力的伏線，引起了管治危機。天文二年（一五三三），勝久與暗通薩州實久的重臣．川上昌久出現矛盾後，索性將其殺害，以除後患。

但是，這場手刃重臣的事件還是導致最壞的結果，守護家內部在昌久死後，守護家的家臣們與勝久的矛盾瞬間爆發，不滿勝久所作所為的「受害者家屬」川上家與一直等待時機的薩州實久聯手，很快便一起出兵打敗了島津勝久，事成後，川上家便擁立趕來鹿兒島城善後的薩州實久成為新的主君。

薩州實久按劇本安排來到鹿兒島城後，派人勸勝久交出守護之位，讓「堪負眾人厚望」的自己繼承。勝久為免被實久殺害，為保命同意了實久的要求，退出了鹿兒島城，但為了阻止實久成為名實相全的守護，勝久將島津家宗家的家傳之寶等全數帶走，以示最後的抵抗。

長達百餘年的島津家內亂，連帶當地領主的利益對立混在一起，薩摩、大隅、日向（南部）三國的亂戰到了天文初年終於發展成島津（薩州）實久與島津忠良、貴久父子的強強對決，第一回合薩州實久略勝一籌，成功搶得先機。但是，他的勝利卻不能持久，終究不能笑到最後……。

第四章

湖海浪濤

上——對峙

應仁文明之亂後的關東、北陸、西國戰亂都或多或少受到中央政局影響，以及各地的問題纏繞下，各路英雄正是打得如火如荼。與此同時，同樣出現重大轉變的，還有與京都畿內只有咫尺之遙的「近國」地區，即美濃、近江及越前、能登四國。

應仁文明之亂中的骨幹成員美濃國守護土岐家、該國守護代前齋藤家、鄰國近江國守護六角家與一族京極家，還有越前國的朝倉家、兼任河內、越中、能登、紀伊四國的畠山家分屬東、西軍，結下了糾纏不清的恩怨。亂後，各方勢力圍繞著幕府與自國的問題，展開了持續達五十年的亂戰，各家的合縱連橫，虛虛實實，精彩之處不下於其他地區。

從來，在中文世界的戰國迷中，這個地區的戰國史幾乎是空白的，而且零碎的。然而，這個地區的情況卻是十分重要，而且很深遠地影響到戰國時代的發展，甚至也關係到數十年後，叱吒戰國風雲的織田信長的崛起。因此，為了填補這部分，本章特別重點地介紹及整理這個地區的情況。

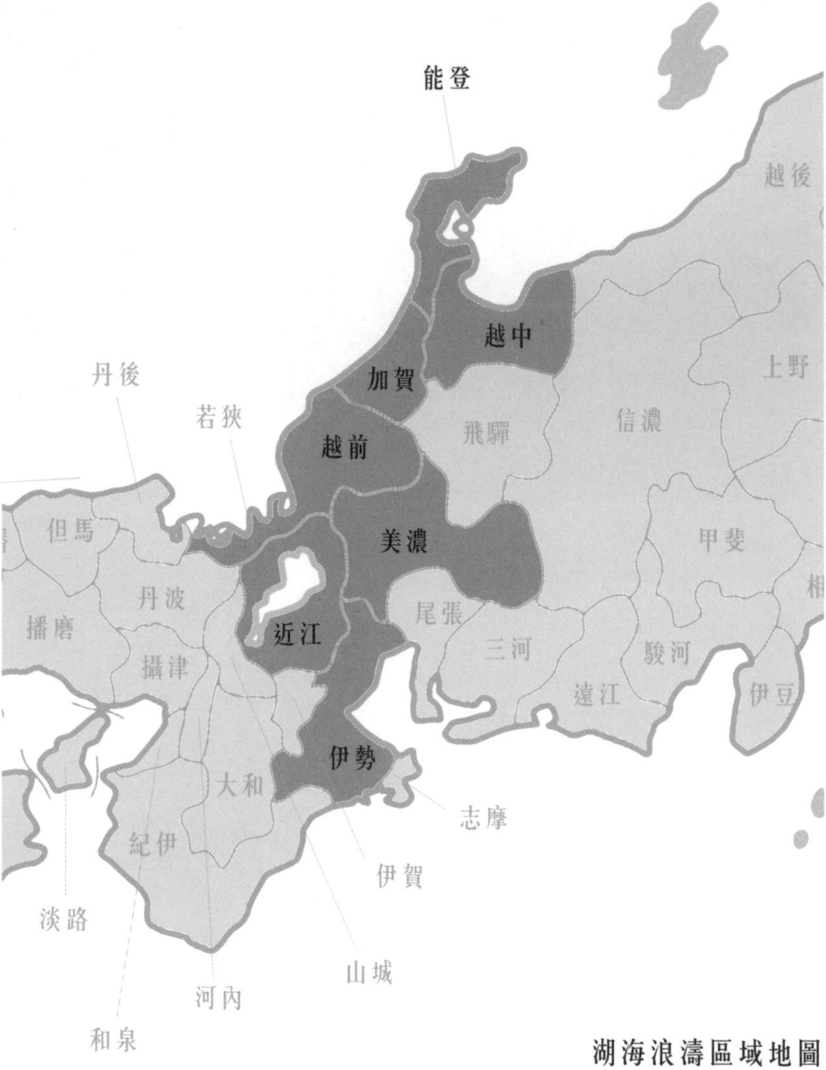
能登
越後
越中
加賀
上野
丹後
若狹
越前
飛驒
信濃
但馬
美濃
甲斐
丹波
播磨
近江
尾張
三河
攝津
駿河
遠江
伊豆
伊勢
大和
志摩
紀伊
伊賀
淡路
山城
河內
和泉

湖海浪濤區域地圖

風雨飄搖

凶浪拍岸

提到美濃國（今・岐阜縣南部）的戰國時代，相信不少人會立即想到那位世稱「蝮蛇」的梟雄齋藤道三（「道三」是法號，原名「利政」）。然而，道三的活躍時期其實是天文年間（一五三二至一五五五），已經是戰國時代的中期了。道三以前的美濃國究竟是怎麼樣造就他成為該國的代表人物，並且後來與信長之父・織田信秀互爭長短呢？（圖1-14　齋藤家系）

要說明這個問題，當然首先要把時間軸撥回到道三出場之前，應仁文明之亂之後，讓讀者可以了解到整個來龍去脈。

順帶一提，道三原本的苗字是「長井」，然後又改為「齋藤」，在他之前，美濃國還有一支與他毫無血緣關係的齋藤家，同樣曾經左右了美濃國政局。為免混亂，接下來會稱呼這支齋藤家為「前齋藤家」，而道三那一支則為「後齋藤家」，以作識別。

美濃國自南北朝時代開始，便由一直扶持足利尊氏創天下的土岐家擔任守護，這個土

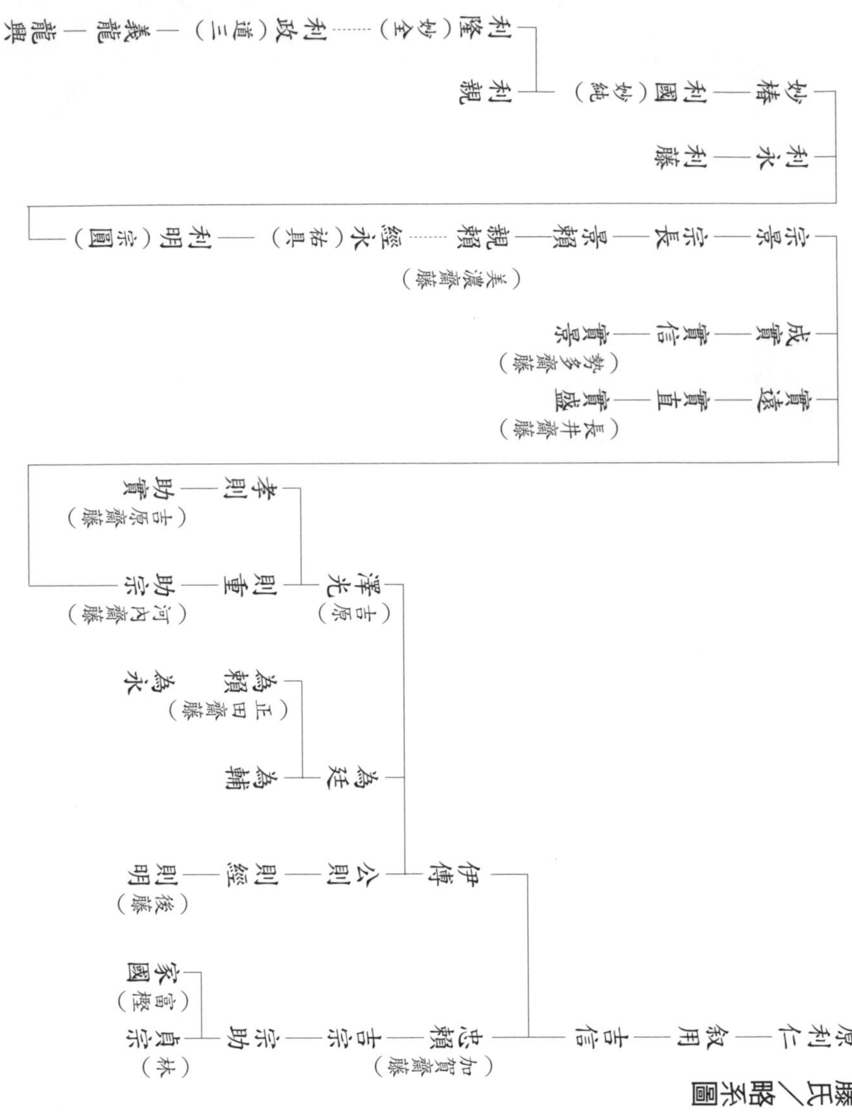
齋藤氏ノ略系圖
藤原利仁—叙用—吉信
忠賴（加賀齋藤）—吉宗—宗助
家國（富樫）
貞宗（林）
伊傳—公則—則經—則明（後藤）
為延—為輔
為賴（正田齋藤）
為永
澤光（吉原）
則重—助宗（河內齋藤）
孝則—助實（吉原齋藤）
實遠—實直—實盛（長井齋藤）
成實—實信—實景（勢多齋藤）
宗景—宗長—景賴—親賴（美濃齋藤）……經永—祐具—利明（宗圓）
利永—利藤
妙椿—利國（妙純）—利親
利隆（妙全）……利政（道三）—義龍—龍興

圖1-14 齋藤家系

岐家就是後來知名的明智光秀的老祖家，除了美濃守護外，土岐家還是幕府侍所頭人（相當於京都的警察首長）。由於土岐家一直在京都負責幕府的政務，當時的美濃國真正的主宰者並不是土岐家，而是長期在當地執行政事的守護代前齋藤家。

另一方面，幕府也慎防手下身兼幕臣的諸侯們權勢太大，因此都會繞過守護，與守護代等地方上的有力武士領主建立關係，使之能在背後牽制守護之餘，也確保幕府下達命令時，有更多的途徑。前齋藤家也受惠於這個方針，慢慢也在京都之中找到他的位置，也博取了一些名聲，影響力也逐漸增加。

後來應仁文明之亂的時候，守護土岐家與前齋藤家一起從屬西軍，但當中堪稱為其中一個領導人物的，便是那時候前齋藤家的當家·齋藤妙椿。妙椿本來不是前齋藤家的當家，但因為兄長利永死後兒子太年幼，於是便由他以出家之身，代理政務。由於應仁文明之亂不在本書的範圍之內，這裡便不做詳細說明，總之，妙椿在西軍的表現可說是舉足輕重，八面玲瓏，還安排了西軍總帥足利義視，以及他後來如願當上將軍的兒子義稙到美濃國靜待機會。

後來，隨著戰亂不了了之，妙椿便著手處理收拾殘局，亂後的最大問題之一，便是亂中莊園領主們的領地被兩方的軍隊趁機霸佔，其中妙椿就被指控侵占的領地達八萬石之多！可見他在亂中渾水摸魚之餘，也可以看到他的軍事力量十分龐大。

然而，妙椿在文明十二年（一四八〇）死去後，土岐家與前齋藤家都失去了重要支柱，更因而引發了一場牽連甚大的內亂。當時妙椿的養子齋藤利國（後來出家，法名「妙純」，以下統稱「妙純」，他的子孫史稱「持是院家」，以下同）原本是妙椿亡兄利永次子，然後過繼給妙椿。

妙椿權勢如日中天，妙純以為可以繼承養父兼叔父的衣缽，繼續權傾美濃國，而且妙椿死前遺言，希望守護土岐成賴重用養子妙純，善待亡兄的長子利藤（史稱此系為「帶刀家」），即妙純的兄長。豈料眼見大權旁落的利藤心有不甘，於是密謀要把被奪去的一切都拿回來。

這樣便造成了原本便是親兄弟的兩人，在妙椿死後不足百天便反目成仇，不僅牽扯到該國守護土岐成賴，而且將鄰國的近江六角氏、京極氏，甚至是幕府也被捲了進去，史稱「美濃文明之亂」。

是次大亂，不但使美濃國一分為二（「持是院家」vs.「帶刀家」），周邊領主們也因為與齋藤氏的交情，以及地緣政治的關係，紛紛被捲進去。鄰國近江國守護六角高賴認為要恢復妙椿亡兄利永一家的地位，同情利藤的遭遇之餘，也希望藉此將影響力滲透到美濃，還為此請出了幕府站台支持。另一邊的妙純方，土岐成賴按照妙椿的遺言，站在了妙純一邊，當然也是希望藉此使他聽從自己的號令。不過，妙純本身也不是單靠養父餘蔭的，當時人評價妙純乃相當優秀之士，左右皆有能的家臣。

可見，妙純也有不下於養父妙椿的能力，也很可能是這個原因，妙純與利藤出現矛盾後，各方諸侯中大多數支持妙純；例如盤踞在近江北部的京極家（前章提及的出雲尼子家的主君），為了牽制同族兼死對頭六角高賴（利藤陣營），於是也加入到妙純陣營，希望事後能得到他的幫助，打擊六角家（六角與京極的問題請詳看下章）。

雙方的對立擾攘了大半年後，妙純軍在重臣之一的石丸利光以及長井秀弘的奮戰下，迫使利藤戰敗投降，並且一時逃到外地流浪。但不久後，幕府居中調停下，讓利藤回到美濃，並且成為守護代。不過，妙純依然大權在握，並且成功與幕府停戰議和。

當時，其實還發生了三件大事件。第一是數年後的長享元年（一四八七），「綠髮將軍」足利義尚出兵討伐肆意侵佔莊園及幕臣領地的六角高賴，這事件本書第一章已經提及過。當時，土岐成賴與齋藤妙純跟六角高賴關係還算不錯的，對於義尚命令美濃國出兵協助討伐六角高賴，成賴與妙純都顯得十分苦惱。

「幸運」的是，義尚在三年間的對峙中無法找到高賴，並予以打擊，自己卻因為酗酒，在長享三年（一四八九）英年早逝。一度被夾在中間的成賴與妙純雖然暫時得以逃過一劫，不過，更大的麻煩還陸續有來。

第二件事件便是兩年後的延德三年（一四九一），曾經受過成賴以及已故齋藤妙椿保護的足利義稙成功繼承將軍之位後，立即下令出兵再征六角高賴，以懲罰他及他的家臣依然不肯歸還搶佔得來的土地。

不難想像，這次義稙的出征對成賴與妙純來說，比起上一次義尚的出征是更加糟糕了，因為成賴在同一年已經將自己的次子送給膝下無子的六角定賴當養嗣子，這樣一來一邊是關係極其親密的好鄰居，一邊是曾經扶持關照過的將軍，兩邊都不能得失。最終，成賴與妙純無奈之下，還是決定選擇了幕府一方，但並沒有直接參與戰鬥。

幕府軍與六角軍進行了一場較為像樣的戰鬥後，義稙便班師回京，事隔兩年後的明應二年（一四九三）就發生了第三件事件，即是管領細川政元發動政變，改立新將軍義澄，迫使義稙輾轉逃往越中的「明應政變」。

政變發生後，義稙立即呼籲各地諸侯出手相助，但當時的美濃也剛好在翌年的明應三年再次發生內亂，這次的內亂比起上次的前齋藤家內訌更加複雜、混亂。簡單來說，事情的本質便是守護土岐家與前齋藤家雙雙發生內訌。

船田之亂

首先是守護土岐家的內訌，土岐成賴原本已決定好讓長子土岐政房為繼承人，但由於後來溺愛政房的同父異母弟弟元賴，於是成賴便想改變主意，由元賴繼承土岐家。另一方面，原本已經備受妙純器重的石丸（齋藤）利光，希望得到更多權力，於是跟被妙純奪去一切的齋藤利藤暗中聯手。利藤積極拉攏利光，並且賜予利光改稱「齋藤」的權利，把他當成自己人。

得到利藤支援的利光便企圖暗殺前主君妙純，以便取而代之。不過，由於陰謀事前被另一個妙純的重臣西尾直教揭發。直教其實也是眼紅利光的冒起急如星火，想趁此機會，除之後快。利光起初試圖否認，但沒有成功，於是希望利藤能表明立場，可惜利藤為求自保，不願明著與妙純對立。利光在慌亂之間，帶走了利藤的孫兒毘沙童丸，以及前面提到的成賴的愛兒．土岐元賴，打算擁立元賴做新守護，毘沙童丸為新守護代，然後自己在背後控制一切，利光的行徑在當時可算是真正打算「以下犯上」的先鋒。

可是，既然殺害主君失敗，這便意味著要與自己的主君妙純全面決裂，於是繼文明之亂後，美濃國又再一次引發大亂，這便是歷史上有名的「船田之亂」（一四九四至一四九六）。不過，上文已說明，逃過被暗殺的妙純不是省油的燈，他繼承養父的政治資本，與周邊的武士領主廣交關係，把兩個女兒分別嫁給了越前國的新興勢力朝倉貞景，以及南方尾張國守護代織田敏廣。

明應四年（一四九五），與利光完全翻臉後，妙純首先確保了守護成賴不插手，又保證原定的繼承人政房仍然與自己同一陣線。確保了大義名分後，妙純在主城加納城（今．岐阜縣岐阜市）做好防衛，然後便要求女婿們出兵幫忙，另外一直關係不錯的北近江京極高清也繼續出手相助。

另一邊的利光也在主城船田城做好防禦工事，同時也找到了仍然對插手美濃內政很有興趣的六角高賴等勢力幫忙。雙方便在土岐家的主城，也就是美濃守護的府城．革手城（今．岐阜縣岐阜市）的北面展開對峙，就這樣，船田之亂一直持續了近兩年。

雖然互有攻守，但一直未能分出勝負，直至明應五年（一四九六），妙純方的京極軍成功阻止六角高賴出兵救援後，妙純終於在五月迫使利光兵敗自殺，事後妙純也將暗中幫助利光的利藤趕出美濃，「船田之亂」才得以落幕。

不過，經此一役，美濃國可謂遭受重大政治震盪，成為戰場的革手城周圍被戰火摧殘，城下也被火焚毀，這個美濃國百多年的政經中心就這樣成為了廢墟，風光不在。另外，持續兩年的大亂中，支持利光的守護土岐家的遠近親族，還有附隨的領主們大多被清算。未能完全堅持中立的守護土岐家不僅權威盡失，被清算的家族、親近領主們一一沒落下，已經沒有足夠的力量對抗齋藤家了，這也直接導致日後土岐家完全成為政治傀儡。

不過，歷史總是充滿了不可預知的偶然。雖然「船田之亂」以利光完全滅亡結束，但命運好像同情石丸利光一樣，就在他兵敗自殺後的同年十二月，妙純本想乘勝追擊，與其長子利親（法名「妙親」）以及重臣長井秀弘等人一起入侵近江國，好好教訓一下支持利光的六角高賴。不過，他們一行人中途受到埋伏在路上的土民突襲，妙純、利親父子以及秀弘客死他鄉。

妙純、利親父子以及秀弘的死亡對前齋藤家，以至美濃，還有周邊諸國都帶來了深遠的影響。首先是前齋藤家的更換當家問題。利親死後有一個幼子勝千代（利良），而二弟又四郎年僅十五歲，無奈之下也要頂上繼任當家一職，然後為了安全起見，齋藤家的人們決定請出妙純的兄長利齋的養子．利隆出來暫時主持大局。

目前我們無法完全理解為什麼要找利隆出來幫忙，但當時的史料稱利隆為人「個性溫厚」，與長兄利藤、二兄妙純不同，終其一生也沒有試圖奪權，而是一直做齋藤家族背後的樑柱。

永正大永之亂

由於強捍的妙椿、妙純父子已死，以他兩人為中心的守護代家也已呈青黃不接的頹勢，於是土岐家的行政便由齋藤妙椿一脈的「持是院家」獨攬大權，改為分攤權限，迎回一度沒落的「帶刀家」一門到政治核心來。由溫厚的利隆做守護代，然後在守護代之上，添置三奉行（行政官），這三奉行分別由「持是院家」和「帶刀家」擔任，表面上是兩家經過風風雨雨後，終於和好，共享權力，但這內裡又有暗湧。

使這個暗湧火速擴大的原因，就是因為妙純的二兒子又四郎在兩年後的明應八年（一四九九）底英年早逝，享年十八歲。又四郎死後雖然有一個兒子，也是叫大黑丸，但當時還是十分年幼，於是就由利親和又四郎的三弟彥四郎來當上代理人的角色，直至大黑丸成年為止，這個決定也得到了幕府的認可。

又四郎死後的十年間，我們幾乎無法找到史料提及前齋藤氏「持是院家」、土岐氏以及美濃國的重要動向，再次能夠具體地看到美濃國的具體情況，已經是事隔十年後的永正九年（一五一二）八月底了。

根據《東寺過去帳裏書》的記載，表面以暫代之名，實際上是繼承了前齋藤「持是院家」當家之位的彥四郎與守護土岐政房，還有侄子大黑丸鬧出不和，彥四郎遭到政房與大黑丸派兵攻打，在墨俣城抵抗不果後，便逃到南方尾張國避難去了。雖然上述史料中並沒有詳細交代事件起因及經過，但從史料上提到：「齋藤彥四郎背叛守護土岐及宗家大黑丸」（《東寺過去帳裏書》）

不難想像到事件的本質就是原本的代理人彥四郎和已經成年的侄子大黑丸之間，因為交接權力問題起了衝突。換言之，事件很可能是因為彥四郎因某些原因不願意將權力交出來，而遭到守護土岐政房及侄子率兵打壓。
不過，彥四郎並沒有因此而沒落，五年後的永正十四年底，他正好找到了重回美濃國的機會。這時候，大黑丸突然在史料上失去消息，原因不明，估計很可能夭折而死，取而代之的便是妙純的嫡孫勝千代。他那時候已經成年，改名為「利良」。時值利良與政房出現了矛盾，起因又是跟土岐家更換繼承人有關。
守護土岐政房原本已經有一個成年的長子賴武，但後來又想將位子交給幼子賴藝，於是引起了賴武以及齋藤利良的不滿。
乍眼看來，政房似乎是犯了當年父親成賴對自己做過的相同錯誤，不過事實上並非如此。值得留意的是，政房這次更換繼承人背後是有著政治意圖，並不僅僅為了個人的喜好或偏心。長子賴武當時是越前的戰國大名朝倉貞景的女婿，而賴藝則是鄰國六角高賴的女婿。換言之，政房為了跟鄰國大名搞好關係，安排了兩個兒子迎娶了朝倉與六角兩家的女兒。由於六角家當時正好在京都及近畿甚有影響力，與六角家交情不錯的政房希望通過更換賴藝做繼承人，與六角家維持友好的關係。
不過，另一方的齋藤利良則對政房這個安排不大高興，因為原定的守護嗣子土岐賴武是朝倉貞景的女婿，而貞景其實是利良的姑丈，賴武成功繼位的話，守護代前齋藤家的地位將更為鞏固之餘，也可以從妙純戰死的打擊中恢復過來。如今，政房的決定無疑是正面砸爛了前齋藤家的如意算盤，自然心生不滿。

雖然如此，政房為了實行計劃，便找到了在尾張國避難的彥四郎，希望他與利良對抗，確保自己的換嗣計劃成事。於是兩方的爭戰在永正十四年（一五一七）十二月一觸即發，起初政房．賴藝方一度處於劣勢，但到了隔年永正十五年（一五一八）八月時，政房．賴藝方打敗了利良及賴武，迫使他們兩人逃到越前國，向賴武的大舅子朝倉孝景（貞景之子）求救。

政房．賴藝方獲得暫時的勝利後，彥四郎終於獲兩人召回美濃，重當守護代，這裡要重點提及的是，前齋藤家的家老長井長弘在這個時候並沒有跟隨利良及賴武逃到越前，反而改為與彥四郎合作。這人跟後來道三的登場有著重要的關係，容後再述。

雖然賴武與利良出走越前，但是事態沒有就此穩定下來。對於政房、賴藝及彥四郎來說，利良及賴武留在越前，絕對是一個威脅，於是他們便通過將軍義稙向朝倉孝景施壓，要求他把賴武押到京都處置。

顯然，孝景是不可能把妹夫交出來的，幕府也不過是做個交代而已，對事態發展並沒有任何幫助。雙方陣營繼續在美濃南方進行零星的戰鬥，直至隔年永正十六年（一五一九）六月，引發事件的關鍵人物土岐政房病死，讓事態突然出現了重大轉機。

收到政房病死的消息後，利良立即與賴武向朝倉孝景借兵三千人進行反攻，在同年九月成功攻入美濃，賴武成功繼承了土岐家，弟弟賴藝以及守護代之位得而復失的彥四郎雖然沒有被殺，但我們也沒有辦法知道為什麼賴武及利良會放他們一馬。

賴武正式繼承守護之職後，原本應該順利掌權的齋藤利良突然在史料上銷聲匿跡，改由族弟、齋藤妙椿兄長・齋藤利永之子，也就是「帶刀家」直系的齋藤利茂接任守護代之職。當中究竟發生了什麼事，現在已經成為不可考的謎團。

總而言之，賴武回歸後不久，守護代齋藤利茂成功掌權，而且與曾經支持彥四郎的長井長弘合作，一同扶助賴武。然而，長井長弘其實同時暗地裡跟一時失勢的土岐賴藝保持接觸，為五年後的大永之亂埋下伏筆。這也為長井長弘的重臣、「蝮蛇」齋藤道三之父長井新左衛門尉便在這時候趁機急竄崛起帶來了機會。

長井新左衛門尉與道三父子如何進一步奪取美濃國，將留待後章詳細說明。接著下一節，我們將目光轉到近江，講述本段經常提及的六角家，與死對頭京極家的對立情況；並且從另一個角度了解應仁文明之亂後，六角家與京極家究竟怎樣左右中央的政局。

湖國暗湧

走為上計

在第一章開頭，已經提過兩個將軍義尚及義稙先後出兵討伐近江守護六角家。聽到六角家，一般對戰國有些了解的讀者都會想到日後織田信長出兵上京時，把六角家打敗的事。因此，一般來說，六角家的形象都是比較負面的。

另一方面，六角家的死對頭兼同族近親，盤踞在近江東北部的京極氏對於戰國迷來說，更加可以說是異常陌生，聞所未聞來形容。兩個系出同家名門，一直在湖國南北爭權奪利，直至戰國時代雙雙沒落。六角家被信長打敗，京極家被家臣淺井家取代，究竟這是怎樣的經過？接下來要從義尚、義稙討伐六角家開始說起。

六角家自從鎌倉時代開始便一直擔任近江國守護（初時稱「佐佐木」），經歷南北朝、室町時代，成為室町幕府的重要一員，當家原則上常駐京都，領國近江國（南部）則交由守護代伊庭家以及其他家臣代管（圖1-15　六角家系）。

圖1-15　六角家系

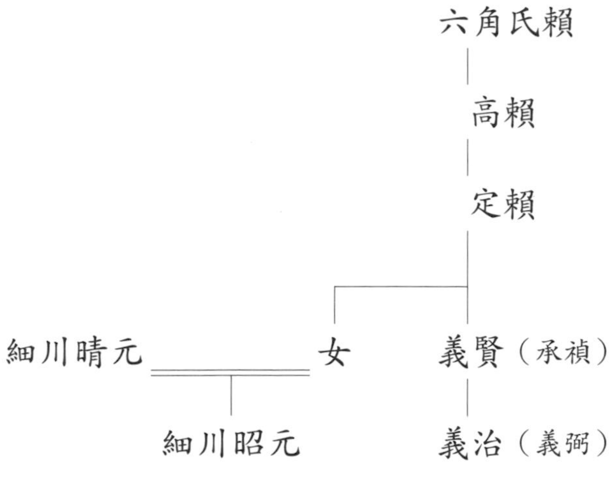

雖然在地方支配上，室町幕府沿襲鎌倉幕府的舊制，於各國配置守護，但是，在第二章越後國，以及第三章出雲國的例子已經說過，信任及提防是平衡進行的，幕府為免過於依賴守護，造成尾大不掉，在任命守護的同時，也會跟各國的守護代，以及盤踞在各國的有力武士領主直接結交（後者稱為「奉公眾」或「扶持眾」），以便牽制守護。另外，在日本全國還有大大小小從古代以來已經獲朝廷、幕府承認的莊園，這些莊園的權益及管理一般也是不受守護節制，擁有「不入權」，儼如國中之國。

因此，守護雖然名義上是一國的守護，理論上管治領國內的事宜，但事實上面對諸多制肘。礙於幕府的權威，守護縱使想隨心所欲，擺脫枷鎖，但只能等待幕府出現問題時，才能趁虛而入。

近江國方面，室町幕府很早便通過守護代伊庭家，以及前段已經提過的同族兼幕府奉公眾京極家（北近江五郡），和盤踞在該國西北部高島郡的幕府奉公眾朽木家，從內部以及外部兩方面去節制守護六角家，也讓他們互不相讓，使幕府盡收漁人之利。

如後面所述，這個幕府的配置安排，使上述的各家都成為日後六角家進入戰國時代時的主要敵人。首先介紹守護代伊庭家，受惠於幕府的優待，以及守護代的身分，伊庭家很早便在近江國南部有著不下於六角家的影響力。

伊庭家雖然一直到應仁文明之亂為止，都從屬六角家一起奮鬥，但當大亂平息後，與六角家一樣，伊庭家也看到了改變命運的機會，幾乎可以直接執行幕府命令，在近江國內的事務也與六角家出現疊床架屋的現象，這樣一來，爆發矛盾只是遲早的問題。

然而，這些矛盾依然只是隱隱作動，還沒有時間讓它完全浮上水面，因為這個時候便接連發生了長享元年（一四八七）九代將軍義尚，以及延德三年（一四九一）十代將軍義稙兩度討伐六角家的事件。

兩次的討伐都因為六角家強搶莊園以及幕臣的領地，又無視幕府的歸還命令而起。兩次幕府大軍的討伐中，六角家都只做出較為消極的抵抗，當時的當家六角高賴更是在兩次討伐中，幕府大軍未到，便採取走為上著的策略，走到南部甲賀郡暫避風頭。

「逃跑可恥但有用」，兩次都不戰而逃的高賴成功迫使幕府無法直接達成戰略目的，六角家也得以保住。不過，六角高賴這個策略也並不是沒有後果的。尤其是第二次討伐時，高賴逃亡前，先派守護代伊庭貞隆以及部分家臣出兵抵抗，另派重臣山內政綱去跟幕府媾和。不過，當時新官上任的將軍義稙直接便殺害了政綱來祭旗，顯示誓要滅掉六角家的決心。雖然義稙的目標最終沒有成功，但卻意外地使高賴賠上了重臣政綱的性命。

簡單而言，山內政綱雖然不算是出名的人物，但對於六角家來說，他既是輔助高賴的重臣，也是一直幫助六角家牽制伊庭家的重要勢力，如今幕府將他殺害後，六角家失去了維持平衡的重鎮，迫使六角高賴不得不暫時倚重伊庭貞隆去善後，造就了伊庭貞隆權勢更大的契機，也間接促成了後來的「伊庭之亂」。

伊庭之亂

前段提到明應四年（一四九五）的美濃國前齋藤家內亂，六角家派伊庭貞隆做指揮，出動援軍去支援齋藤利藤，這反映了伊庭家已是六角家重要的軍事力量之一。如此一來，六角家想趁幕府內亂，借機壯大之前，與伊庭家之間的對決已是不可避免。

七年後文龜二年秋，兩家終於發生了重大的對戰，六角高賴以「連連無道」為由，對伊庭貞隆發起了攻擊，但貞隆逃到琵琶湖西岸，更找到了大靠山幫忙，那就是當時叱吒風雲的幕府管領細川政元。

那時候，政元為了能確保自己控制京都及幕府，不讓其他勢力搞局，當然希望其中一個潛在威脅六角家自亂陣腳，於是很快答應了貞隆的要求，協助貞隆反攻，經過半年的對抗後，高賴與貞隆達成和解，兩者之間的鬥爭暫時停住。

兩者再次發生對立要等到永正五年（一五〇八），流浪將軍義稙捲土重來，從山口殺回京都後。尤其是細川政元被暗殺後，六角家一直都與足利義澄保持合作關係，如今義稙復位後，六角家與伊庭家在決定支持哪一方（義澄、義稙）的問題上，再次出現矛盾。

伊庭家依舊支持義澄，並且在永正八年（一五一一）船岡山之戰後，伊庭貞隆及兒子貞說立即迎接義澄到自己的家臣九里家的居城岡山城暫住；而六角家則選擇與義稙以及新管領細川高國合作，於是一等到義澄在同年八月於九里病死後，六角高賴和兒子氏綱便派軍攻擊九里家，以實際行動宣示立場。

以此為遠因，兩家終於又在三年後的永正十一年（一五一四）開始，爆發了多次的對戰，雙方的對決斷斷續續，但基本上六角家始終有著優勢，壓著伊庭家來打，但一直沒能分出決定性的勝負，直到後來的大永五年（一五二五）的黑橋口之戰後，除了從屬了六角家的一部分成員外，伊庭家再沒有活躍在史料上，可說是基本被六角家打敗了。

與伊庭家的鬥爭，六角家花費了約二十年才完全達到目的。可是，對於六角家的發展來說，壓服了伊庭家雖然至關重要，但並不代表這樣便安寢無憂，在後章的「觀音寺騷亂」中，可以看到處理家臣團的問題一直都困擾著六角家。

另外，安內的同時也要攘外，六角家還有很多的外部麻煩，需要在處理伊庭家之餘，進行對應，其中一個重要外擾便是盤踞在湖北的同族京極家的問題。

湖北烽煙

前段提到，在室町幕府的巧妙計算下，六角家及京極家分掌近江國南北各半，不過，這裡要澄清的是，很多書籍以及遊戲都把京極家當作「近江北半國的守護」，但其實幕府基本上從沒有封過這稱號及職位給京極家，近江守護只有一個，那就是六角家；而京極家當時則是出雲、飛驒（今．岐阜縣北部）、隱岐（今．島根縣隱岐島）三國的守護職（圖1-16　京極家系）。

雖然如此，應仁文明之亂之前，兩家在幕府的強勢之下，於近江國內還算是相安無事的。不過，到了應

圖1-16　京極家系

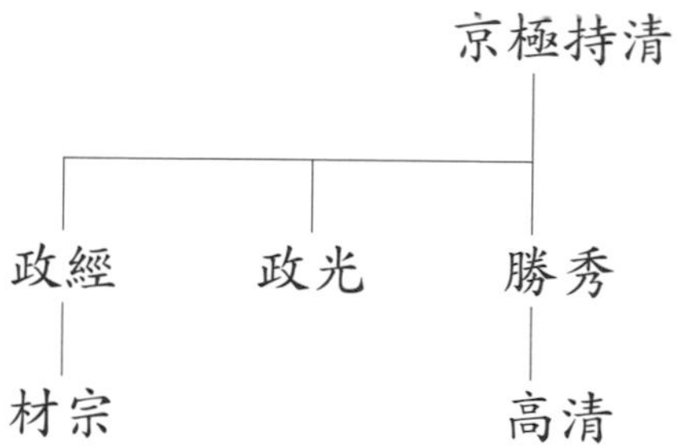

仁文明之亂時，兩家分屬東、西軍，潛藏已久的利益矛盾就開始爆發出來。

當中的最大矛盾，莫過於將軍足利義政（東軍）在混亂正熾的文明元年（一四六九）時，為了獎賞奮戰的京極家，一度將六角家的近江守護（西軍）以及部分領地，都賜給了京極家，這個無疑是火上加油的措施，京極家當然欣然接受，但六角家自然火冒三丈，於是兩家的鬥爭便一直延續，即使大亂過後，也沒有隨之淡化，更變成化不開的，長達五十多年的仇恨。

與此同時，京極家內部也在大亂之中出現了分裂，導致事態更為複雜。在前章介紹出雲國的情況時，已經稍稍提到了部分，為了讓讀者更好的理解，這裡做更完整的補充。

文明二年（一四七〇），也就是應仁文明之亂後期，幼少的孫童子丸繼承了京極家的當家之位，這是因為他的父親·京極勝秀在兩年前攻打六角家，快逼近六角家的主城·觀音寺城時，突然染病，撒手人寰，使得攻打六角家的行動完全功虧一簣。

更不幸的是，孫童子丸繼位一年後（文明三年＝一四七一）也夭折而去，剩下一個弟弟乙童子丸，還有勝秀的兩個弟弟京極政光及政經。按道理，乙童子丸繼位是最合理的，但是，這時候將軍足利義政為了自己的算盤，又走出來搞局。他希望乙童子丸的其中一個叔父京極政經繼位，好讓忠實又具戰鬥力的京極家能夠穩定地為幕府效力。不過，京極家的家臣們過半數希望乙童子丸的另一個叔叔京極政光可以執掌京極家，就連京極家第一重臣多賀家也為此陷入分裂。

結果，京極家完全分裂為二，京極乙童子丸、叔父政光，以及京極家重臣之一的多賀清直為首的家臣團（乙童子丸派），與得到幕府、另一個京極重臣多賀高忠以及京極家內少數家臣支持的政經（政經派）對立起來。

為了對抗幕府擁立政經，乙童子丸派便倒向了前述的六角家、齋藤家支持的西軍，並且積極地向六角高賴、齋藤妙椿借兵，狠狠地攻擊政經派。

政經派被乙童子丸率領的西軍狂攻之下，只好逃出北近江暫避鋒芒。政經自知實力不足，於是決定到屬國之一的出雲國找當地的領主出兵，這便是前章提到的政經落難到出雲的部分。至於重臣多賀高忠為了繼續抗爭，便在近江北部負隅頑抗。這時候，雖然乙童子丸派的代表之一京極政光在兩年後的文明五年底病死，但乙童子丸派的精神支柱乙童子丸仍在，因此，政光的病死並沒有為局勢帶來任何轉變。

到了文明九年（一四七七），應仁文明之亂基本上處於不了了之狀態，幕府便出面斡旋，讓政經派與乙童子丸派和解，並以瓜分京極家的權益為條件，乙童子丸（後來改名「高清」）成為正式的當家，保住了北近江以及鄰國飛驒的守護職，叔父政經則得到了出雲及隱岐兩國的守護職。

不過，事情卻沒有就此完全平息，十二年後的延德二年（一四九〇），京極高清（乙童子丸）因為強佔他領主的土地得罪了幕府，又再成為了幕府討伐的對象，幕府更命令政經出兵攻打高清。

眼見又可以失而復得，政經立即出兵，一口氣將高清打敗，趕他出北近江。然而，事情很快又再次峰迴路轉，剛奪回失去的政經在三年後的明應二年（一四九三）同樣犯上高清的錯誤，強搶寺院土地，旋即得罪幕府，幕府又當沒有事情發生一樣，召令剛被打敗的高清回來復位，更讓高清報復，反攻政經。

這次高清又再拉上了從前的盟友齋藤妙椿之子．現在的岳父．齋藤妙純出手幫忙，狠狠打敗了政經，使政經最終帶著孫兒逃到出雲，讓兒子材宗留在近江，等待東山再起之日，自己則將財產權益及孫兒託付給尼子經久後，在永正五年（一五〇八）出雲病死。因此，北近江的權益終於完全地掌握在高清的手中。

不過，內憂解決後，外紛卻接踵而至。先前幫助自己奪回權益的齋藤家發生了船田之亂（詳見前段）。岳父齋藤妙純與他的前臣子石丸（齋藤）利光對立，由於妙純是盟友兼老丈人，加上世仇六角高賴已經明確支援利光，京極高清當然立即出兵馳援，連同越前的朝倉貞景一起幫助妙純，並且在近江國淺井郡等地與六角軍進行戰鬥，成功阻止六角軍進入美濃，使得石丸利光最終孤立而亡。

但是，正所謂一波既平，一波又起，幫忙解決了恩人的麻煩後，這次高清又要面對家內的矛盾。明應八年（一四九九），京極家中因為權力鬥爭，引發了兵變。事件是因為淺井家為首的一部分家臣，埋怨高清的重臣上坂家信大權獨攬，於是群起攻之，淺井等人甚至聯絡一直虎視眈眈的京極政經之子・京極材宗，一舉起事。

面對這樣的困境，高清沒有辦法，只好忍辱向仇家六角高賴求援，以求保住身命安全。高賴爽快答應後派出援兵，終於在文龜元年（一五〇一）打敗了淺井家等叛亂份子，將京極材宗趕走。不過，這時候曾經成為眾矢之的的重臣上坂家信為求京極家上下安寧，向高清建議與材宗達成和解，最終高清與材宗都同意了家信的建議，於永正二年（一五〇五）年達成和解協定。可是，兩年後的永正四年（一五〇七），材宗突然被高清迫死，原因不明。京極材宗的死亡意味著阻礙京極家安寧的一個火種也被熄滅，也因為這個原因，京極家直至大永初年為止，在高清的帶領下得到了近二十年的太平。

二十年後的大永元年（一五二一），那時候已經年老的高清正在選擇繼承人，他有兩個兒子長子高廣及幼子高吉，長子高廣是高清與齋藤妙純之女所生的，念在當年的恩情，又是長子，情理上由長子繼承是很正常的，但這時候高清因為眼見齋藤家已經失勢，沒有必要再顧忌，自己又喜歡幼子高吉，於是結果上同樣犯下了前段土岐家的錯誤，他與重臣們商量，決定改把位置讓給高吉繼承，終於又再引發父子、家臣之間的分裂。

其中，以支持高廣為名，實際上想奪權為實的新興勢力淺井亮政藉機站了出來，與高清、高吉對抗。由於亮政火速行動，高清父子等人冷不及防，只好一同南下，逃到尾張國暫避，偷襲成功的亮政於是擁立了高廣成為新的當家，實現了大權在手的第一步，也是後來的北近江戰國大名淺井家初次啼聲之時。

不過，這只是淺井家小嚐甜頭，要完全取代京極家，淺井亮政還要克服更長、更大的挑戰才行。

亂世家族

梟雄・英林孝景

近江、美濃等地都陷入了應仁文明之亂的後遺症，展開了長期的對抗戰。這個時候，與近江、美濃兩國的動向息息相關的越前國（今・福井縣北部），同樣面對著大亂的餘波盪漾。

當中的靈魂人物便是名震於諸多中文與日文戰國圖書的梟雄・朝倉孝景（由於他跟他的曾孫都叫「孝景」，為免混亂，以下稱他為「英林孝景」）。大部分的圖書都會指英林孝景是「第一個戰國大名」，並且開啟了戰國時代。然而，本段中將會說明，英林孝景並不是「戰國」的梟雄，他也不是開始戰國時代的領頭人物。為什麼呢？

這裡首先要說明一下英林孝景的出身，也就是越前朝倉家的由來。根據目前的研究來說，朝倉家並非越前國土生土長的領主，原本是但馬國（今・兵庫縣西北部、岡山縣東北部）的領主，不過，至於他們為什麼，以及怎樣到了越前國則仍然是一個謎，至今沒有一個定說。總之，朝倉家約在十四世紀左右便已經紮根在越前國北部的九頭龍川（今・福井縣永平寺町）一帶，並且成長為有力的領主，效力於當時的越前國守護，兼幕府三管領之一的斯波家（圖1-17 朝倉家系）。

到那時候為止，朝倉家依然是寂寂無聞，但後來這個家族的發展告訴後人，他們是註定成於亂世，敗在戰亂。這裡要再稍稍說明一下當時的政治背景。

曾權傾一時，幾可威脅將軍地位的斯波家出現數代當家英年早逝的打擊，最終於享祿元年（一四五二），嫡系的斯波義健死後斷嗣，要由旁支子弟斯波義敏過繼續脈，在這背後越前守護代甲斐常治出力十分多，終於幕府也點頭承認了。

可是，到了長祿二年（一四五八）時，斯波義敏與甲斐常治的關係在成事後不久，便因為權力分配出日題而惡化了。跟前面看到的例子一樣，越前國也因此分成兩派，互相攻擊，甚至還把幕府將軍足利義政都扯了進來。本來，將軍義政就是賣帳給斯波家的老臣甲斐常治，才讓旁支的斯波義敏繼承斯波家，如今兩者翻臉了，將軍也理所當然地站在了常治那邊，話雖如此，幕府當時正在為關東古河公方的問題搞得頭昏腦脹，根本不想被越前的小事陷進去，結果就使越前國內的對立變成長期的對峙狀態，史稱「越前長祿之亂」或「長祿之戰」。

作為越前國的一個有力領主，英林孝景當然也被捲進這場對立之中，不過結果上卻讓他有了暫露頭角的機會。結果，有孝景支持的常治方成功打敗了義敏方，義敏被迫逃亡，幕府也決定改立斯波家的另一個親戚斯波義廉頂替，要求甲斐家以下包括朝倉家在內的所有越前國領主支持。這時候，幸運的事突如其來的發生，老練又深得幕府力挺的甲斐常治

圖1-17　朝倉家系

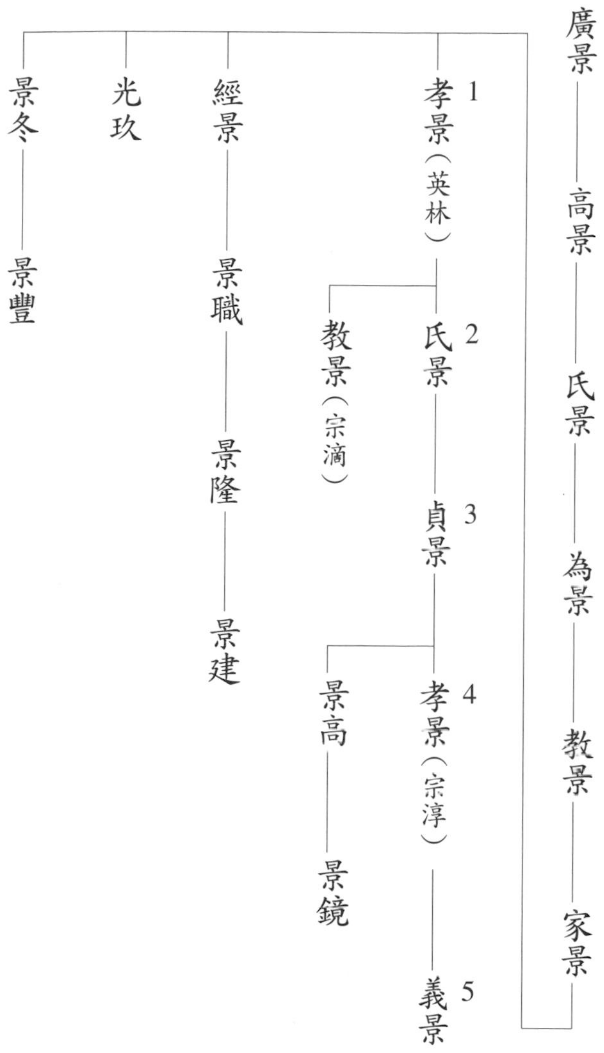

突然在戰事勝利後第二日突然暴斃而亡。常治死後，甲斐家也因為青黃不接，慢慢步向衰退。

一夜之間，越前國的重要支柱突然倒下，彷彿就是為朝倉家走上康莊大道般，天時、地利、人和都設定到位。孝景在「越前長祿之亂」中鋒芒始露，影響力也隨之增加，逐漸成為了越前國與甲斐家不相伯仲的新勢力。

不過，朝倉家要成為真正的越前國最強勢力，還是要諸多折騰。關鍵在於幕府以及將軍義政左右逢源的處事方針讓事情變得反覆。尤其是義政後來又改變了主意，讓逃亡在外的斯波義敏回到越前復位，此舉當然讓包含朝倉家在內，所有跟義敏有過節的領主們，以及才坐上守護之位不久的斯波義廉都大感不滿。

就這樣，圍繞著兩個守護的對立再次點燃起越前國的火種，但這次的情況遠比上次的「越前長祿之亂」更為複雜，因為這次斯波家的內訌背後，還連結上支持兩派的幕府內各方勢力，這種錯綜複雜的利益、人情關係終於催化出著名的應仁文明之亂，花都平安京化作戰場，頓時陷入戰火之中。

孝景與斯波義廉一起屬於西軍，對抗前主君斯波義敏所屬的東軍。在孝景以及山口大內家的奮戰下，戰局膠著，急想打開局面的東軍毫無辦法，於是東軍的靈魂人物、管領細川勝元在開戰後第二年（應仁二年＝一四六八）想出誘使孝景倒戈的計劃，藉此削弱西軍的戰力。

得到孝景雖然在一年後表明願意倒向東軍，但沒有實際的行動，直到文明三年（一四七一）五月，幕府應孝景的要求，任命他為越前守護後，孝景才正式明確地以東軍的身份作戰，並且在兩個月後開始，逐一掃蕩了越前國內曾經共同作戰的西軍勢力。

兩年後的文明五年（一四七三），應仁文明之亂已經處於不了了之的停擺狀態，各方都已瀰漫著巨大的厭戰情緒，於是原本互相攻伐的東、西軍便開始尋求議和。不過，通過這幾年的鬥爭，既沒有處理好亂前的對立問題，亂後卻反而使這些對立更加深刻。結下仇恨的各方便開始自行在各地去解決這些積怨，部分地方爆發了應仁文明之亂後的餘波盪漾。

越前國的情況也是如此，英林孝景在亂前便是越前國的燙手山芋，亂時又突然倒戈，到了亂後自然就成為了眾矢之的。首先發難的就是記恨朝倉家的斯波義敏之子．斯波義良。為了重奪父親的領國，義良糾結了越前國內外，不滿朝倉獨大的勢力，試圖一舉將朝倉連根拔起。就在這個時候，英林孝景便在陣中病死，享年五十四歲。各方記恨孝景的人都對他的死去大感高興，更有京都的貴族寫道：「孝景乃引起天下亂事之始作俑者，其死實乃幸然也」（《親長卿記》）。

反朝倉的斯波義良得知朝倉家之主在戰陣中病死後，當然要趁火打劫，立即進行猛攻，但朝倉家在孝景的兄弟朝倉經景、慈視院光玖以及孝景的長子・朝倉氏景的奮鬥下，義良方寸功全無，反而大敗給朝倉家的哀兵，只好逃到北面的加賀國（今・石川縣南部），另圖再起。

有見及此，朝倉方也希望暫停戰事，於是便派使去請鄰國美濃國的盟友齋藤妙純來斡旋，終於朝倉家與國內實力較弱的反抗勢力同意和解，並確認朝倉家實質上控制了越前國。但斯波義良等的反朝倉的強硬派逃出越前後，仍然試圖找機會再反抗，但是始終沒法成功。明白到大勢已去的斯波義良最後在文明十五年選擇放棄，改到尾張國，保住那邊的地盤，自此開始，朝倉家終於成為越前國實際上的代表領主。

然而不幸的是，最大的強敵斯波義良敗逃後三年，即文明十八年七月，氏景以三十八歲壯年之齡暴斃，原因不明，留下了十三歲的長子貞景來守住得來不易的家業。

三大危機

十三歲繼承家業的貞景當然沒有能力獨自去面對大亂初定的局面，幸好身邊還有叔祖慈視院光玖以及叔父朝倉宗滴共同輔助。除此之外，朝倉家高層也為了爭取外交上的發言權，於是決定讓貞景在延德三年（一四九一）迎娶了前述的盟友齋藤妙純之女為妻，希望借助當時仍有十分大影響力的前齋藤家，從外部保障朝倉家的地位及影響力。

然而，這場婚事未見其利，先現其弊，前段提到「船田之亂」在婚事後四年的明應四年（一四九五）爆發，貞景成為妙純的女婿，註定被捲美濃國的混亂之中。一如前述，貞景立即派兵支援，援助岳父妙純擊敗了對手，但後來妙純在近江戰死後，美濃國的亂局未見休止的跡象，

另一方面，與越前國只有咫尺之遙的京都，也出現重大的局勢變化，左右著越前的穩定。本書多次提的明應政變發生後，從京都逃出生天的足利義稙在越中逗留兩年後，於明應七年（一四九八）來到越前，希望誘使朝倉家出兵協助自己回京。

可是，義稙沒有想像到，朝倉家深刻地記住了捲入應仁文明之亂的教訓，絕對不想在急需休養生息的時候，又被捲進京都的政治鬥爭之中。同時，朝倉家也不想損害與將軍的關係，於是只願意出錢及軍糧給義稙以示支持。但顯然這遠遠不能滿足義稙的要求，義稙也因此明白到朝倉家的立場，便失意的聯絡山口大內家，不久後便離開了越前。

處理完美濃以及足利義稙的問題後，接下來下一個難題來自於朝倉家內部，這次的問題更是棘手，負責管理若狹國敦賀郡（今．福井縣西南部）的族弟朝倉景豐意圖擺脫朝倉家自立，完全獨吞敦賀郡這個當時已經十分繁榮的肥缺，景豐於是在文龜三年（一五〇三）開始準備集資，試圖舉兵偷襲。然而，貞景收到諜報，立即派兵到當地，成功鎮壓了

景豐的反叛。

這次的叛亂後，貞景決定委派一族的支柱，叔父朝倉宗滴到敦賀，確保朝倉牢牢地控制敦賀。不過，縱然平定了景豐之亂，在貞景面前的下一個，也是最大的難題終於出現，那就是來自北方的加賀本願寺門徒。

文明三年（一四七一）七月，本願寺蓮如來到了越前國坂井郡吉崎（今・福井縣金津町）建立教坊後，淨土真宗便在越前以至北陸道一帶開始傳教，並在地方村落通過教團組織成各個稱為「講」的小團體，形成強大的地方組織力量。

對外又積極介入各地的政治糾紛，例如文明年間發生了加賀國守護富樫家的內訌，當時，富樫政親與弟弟幸千代因為爭奪守護之位而對立，實力不足的幸千代便邀約當地的真宗激進派（高田派）幫忙助戰，當初高田派只是希望藉機幫助幸千代奪取守護之位，換取他支持教團的布教活動。

但另一邊的政親也引入了與高田派不合的本願寺本宗派來幫助，最後雖然是政親勝出，但由於連年征戰，外加當時的將軍足利義尚徵兵攻打六角家（詳見第一章），已經深惡守護征戰苛政的民眾堅決反抗不應徵，於是政親在長享元年（一四八七），索性反過來打壓曾經幫忙的本願寺，而本願寺也趁政親一時上京，於翌長享二年決定先下手為強，聯合國內不滿富樫政親的小領主勢力以及村落，一同起兵反抗，打倒了守護富樫家，迫使政親切腹自殺之餘，更將加賀國變成無守護之國，史稱「百姓所持」之國，時稱「土民崛起，稀有之事也」。可見，加賀國一夜變天，長期被打壓剝削的百姓平民振臂高呼之下，竟然一舉把武士勢力趕出國外，對當時的日本歷史來說，可謂影響重大的事情。

為了爭取有效的支持，加賀國的起事份子強力地邀請本願寺總壇積極到加賀傳教，通過本願寺的影響力，防止幕府再派武士領主來當守護，徹底實現「百姓之國」的目標。

加賀國的翻雲覆雨也波及到越前國，當時剛好越前國發生了上述的斯波對朝倉的軍事對決，後來被朝倉家打敗的斯波義良以及其黨羽逃到加賀，後來義良及部分人決定放棄，離開加賀，但部分堅決反抗朝倉家的斯波殘黨以及流亡的領主則留在加賀，並且慫恿當地淨土真宗中的激進派聯手攻擊越前國，以求翻身。

得到反朝倉派的誘導下，意圖把越前國也變成百姓之國的真宗激進派動員加賀的軍民，連同反朝倉的勢力合共約三萬人，於永正三年（一五〇六）七月大舉南下，輕易突破了越前國北部的邊境後，再在距離朝倉家居城．一乘谷城不遠的九頭龍川北岸與南岸的朝倉軍隔河對峙。最終，大敵當前的朝倉軍還是靠老而彌堅的朝倉宗滴率兵偷襲，才成功擊退一揆軍，更號稱斬下一萬多個首級。

於是，大敵雖去，但留下來的禍根卻反而慢慢變成一個長期困擾的禍患，一直到朝倉家在數十年後被織田信長所滅，也沒有完全得到解決。

北陸爭亂

管領畠山家

前段提到，當越前朝倉家在應仁・文明之亂期間崛起，一躍成為越前國的支配者的時候，在越前北方的加賀卻陷入守護富樫家與當地的加賀本願寺門徒的鬥爭，最後富樫家被打敗後，加賀國成為了無守護治理的「百姓之國」，直接由本願寺門徒領頭管治。

這次加賀國內亂也波及到了加賀北鄰的能登國以及東鄰的越中國，更在後來演變成為讓北陸道五國（越後、越中、能登、加賀、越前）的武士領主極為頭痛的禍患。其中，兼任越中及能登兩國守護的畠山家因為其身份的關係，一直受到地方與京畿兩地的政局影響，忙得不可開交。但是，畠山家仍然一直努力維持著對兩地的支配，直至後來上杉謙信崛起為止（圖1-18　能登畠山家系）。

畠山家本是室町將軍足利家的遠親一門，第三代將軍足利義滿即位後不久發生的康曆政變（康曆元年＝一三七九）中，原本輔助義滿的管領細川賴之被不滿他的政敵排斥，被

圖1-18　能登畠山家系

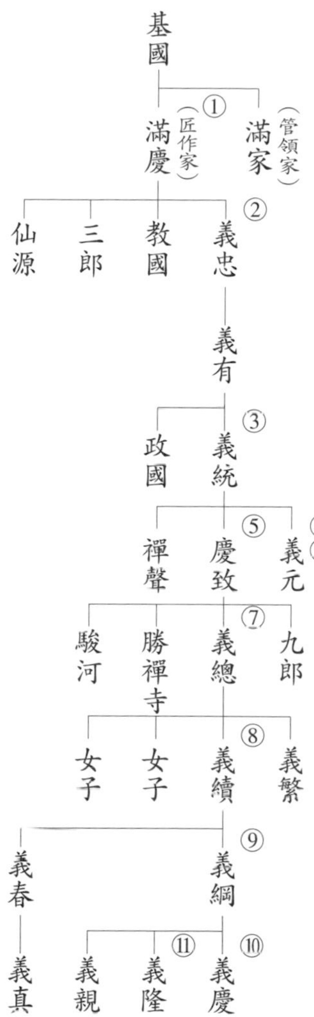

迫下野，管領之位由另一個足利家一門支族斯波家接替。斯波家後來為了得到越前這塊祖宗發祥之地，於是向當時擔任越前國守護的畠山家提出交換領國的建議，自此，畠山家便成為了越中國的守護。後來，足利義滿成長之後，為了防止斯波家獨大，除了重新起用細川家外，還提拔畠山家共同輔政，受惠於義滿的賞識，畠山家除了越中國之外，先後又獲得許可，兼任河內、能登及紀伊，合共四國的守護職，在應永五年（一三九八）更首次獲任命為管領，與細川家和斯波家輪流擔任將軍首輔之職「管領」之位，自此三家便被稱為

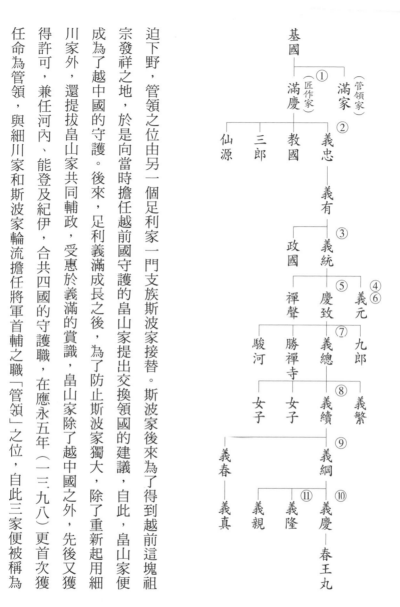

「三管領」家。

擔任管領之後，畠山家便長期駐京輔政，無法全力管治四個領國，所以，擔任管領的畠山家宗家（以下稱「管領畠山家」）保留了位於畿內的河內及紀伊的直接統治，剩下的能登國及越中國之中，越中國也以管領畠山家派遣家臣代理的方式，作間接的統治，能登國則由同族的能登畠山家全權管治，成為能登國的守護代。

後來，管領畠山家的繼承權問題，成為引發應仁文明之亂的導火線之一。事緣當時的當家兼管領畠山持國因為先後指定獨子義就以及末弟義富為繼承人，在他死後兩人便爆發了爭執，能登畠山家自然也被捲入其中。最終，應仁文明之亂不了了之地結束後，兩派陣營的對立依然持續，絲毫沒有解決的跡象。

其中一方庶出的畠山義富之子．畠山政長在亂中及亂後一直與幕政的中心人物細川政元保持合作，政長希望利用權傾幕府的細川政元確立自己繼承畠山家宗家的地位。可是，兩人的關係到了明應元年後便出現了問題。當時，九代將軍足利義尚死後，由他的堂弟義稙繼任為將第十代將軍。義稙登位後，顯現了要承繼義尚重振幕府的遺志，征伐不服從幕府的諸侯大名，如近江六角家。

畠山政長於是鼓動義稙出兵攻打死對頭畠山基家（義就之子），作為重振幕府威信的一環。可是，政長的舉動在細川政元眼裡就是一個冒進，而且威脅到自己權勢的危險行為。因為政元不希望看到分裂的畠山家合而為一，重新恢復力量，影響到他獨攬幕政的優勢。加上政元與義稙一開始便不和，兩人緊密合作更使政元不安。明應二年（一四九三）三月，政元與同樣不滿義稙的前將軍夫人日野富子發動了政變，突然出兵抓住了義稙，又逼死了畠山政長，解除了威脅隱患（有關明應政變的始末，請詳見本部第一章）。

然而，果斷行事的細川政元最終百密一疏，結果讓義稙趁亂逃到越中避難，一待就待了五年。在這期間，義稙一直呼籲各地諸侯大名起兵「勤王」，其中，與義稙一起被政元打敗，最終兵敗而死的畠山政長之子畠山尚順、防長的大內政弘響應了義稙的號召，三方積極合作，企圖圍堵政元，以及政元在政變後擁立的新將軍足利義澄。兩派陣營，兩個將軍為了打倒對方不斷拉幫結黨，引起了超越應仁文明之亂的大範圍的分裂對立，波及日本大部分的地區。

這時候的能登畠山家雖然也響應了義稙的呼籲，但事實上能登畠山家屬於支持畠山基家的一派，即與畠山尚順屬於對立的關係。像這樣利益立場不同的大名雖然加入到義稙陣營裡，但事實上各懷鬼胎，沒有一致的行動方向，加上義稙陣營的核心成員畠山尚順和大內政弘相距遙遠，很難及時做出調整及配合，反擊細川政元的行動一直只是雷聲大雨點小。

能登畠山家其實也是自顧不暇，當時能登畠山家的當家畠山義元在明應六年接任後，適逢能登國內發生一連串的天災，颱風、洪水後，又出現旱災、農作物失收的多重打擊下，義元一直忙不過來，能登畠山家事實上無法為義稙提供支援。明應七年（一四九八），義稙在越中一直看不到進展，於是轉到越前國，投靠朝倉家，明應八年（一四九九）十一月曾嘗試舉兵返京，但被支援細川政元的六角高賴率兵阻截，最終失敗而回。無奈之下，義稙遠赴西國，投靠了大內義興，繼續尋求東山再起的機會。

義稙第一次反擊失敗後，原本擁護他復位的能登畠山家也受到影響，為免被細川政元盯上，能登畠山家在明應九年（一五〇〇）爆發分裂，擁護義稙的義元被迫下台，逃到越後國，由溫和派的弟弟畠山慶致接任守護職。畠山慶致就任當家初期，一直主力於平復趕走兄長引起國內不安的問題。為此，慶致積極向朝廷及幕府招手，希望他們承認自己的繼承權。朝廷態度開放，但幕府則始終冷待慶致。不止如此，眼見流亡的足利義稙一直在外地招攬黨羽，以便東山再起，政治上行事果斷狠辣的細川政元當然不會就此放任不管，進入永正元年（一五〇四），政元便進行了大規模的反擊行動。

永正三國同盟

足利義稙與足利義澄一直為將軍之位展開對峙以及慢性對抗之下，義稙陣營為了吸引領主們加盟，授權他們佔領各地的莊園領地，做為犒賞，使京都的貴族及寺社的生計大受打擊。這個問題一直放任下去，勢必影響到新將軍足利義澄以及細川政元的威信。

另一個刺激到政元出手的原因，是因為原本鬥得你死我活的畠山義英（基家之子）及畠山尚順在永正元年（一五〇四）達成和解協議，這意味著管領畠山家的長期分裂暫時劃上了句號，也意味著細川政元在京畿地區獨霸一方的局面已有改變。一直利用管領畠山家的分裂，盡收漁人之利的細川政元已是焦頭爛額，對他而言，管領畠山家的團結是絕對不能發生的最壞局面，為了從根本上解決這個問題，對義植陣營及管領畠山家先發制人已經是勢在必行。

永正三年（一五〇六）春，細川政元利用幕府的名義要求淨土真宗本願寺派的宗主·本願寺實如鼓動本願寺派的門徒舉兵，協助他攻打畠山義英的譽田城及畠山尚順的高屋城（今·大阪府羽曳野市），接著在同年七月，政元又要求實如動員越中及加賀的門徒在當地發動一揆（武裝行動），騷擾朝倉、能登畠山等義植派領主。

長享二年（一四八八）的長享之亂後，本願寺派門徒已經將加賀國大部分地區納入到掌控之下，而且在鄰國的越中及能登也有大批的教眾，他們一直都希望繼續擴大地盤，威脅著守護們的統治，守護一直都對本願寺門徒，和經常跟門徒一起行動的一向眾等土民保持警戒，防止他們借機鬧事。但是，雙方一直都只是處於擦槍走火的邊緣，沒有做出更多的動作。可是現在，管領細川政元金口一開，宗主實如也願意配合，宣布畠山家為「佛敵」，即佛法的敵人，等同是批准了門徒們公然起事了。

永正三年（一五〇六）七月，受實如指令的鼓動下，早已磨拳擦掌的門徒們立即以加賀為中心點，向南方的越前國、東方的越中國以及北方的能登國發起進攻，但戰況並非十分順利，八月在越前國九頭龍川之戰裡，朝倉家全力抵抗擊之下，門徒及反朝倉的勢力被打敗，只能退回加賀。越中國的進攻也受到阻擋，越後國守護代長尾能景（謙信祖父）應畠山尚順的要求，從越後進入越中協助當地的畠山家臣對戰門徒軍。

不過，畠山家的家臣中，守護代之一的神保慶宗因為跟本願寺有交情，在鎮壓上陽奉陰違，使長尾能景的鎮壓行動一直不太順利。九月的芹谷野之戰（今．富山縣礪波市）中，能景與門徒軍激戰之下戰死沙場後，越後軍被迫撤退，越中國的門徒勢力成功搶下了該國的控制權。但這場重大勝利卻在不久後，成為了越後與越中兩國爭戰的序曲。至於能登國門徒的起事也被能登畠山家鎮壓。

門徒眾在北陸的戰爭勝敗各半，但取得了越中國的地盤，打壓了武士領主的勢力，對門徒擴大勢力而言是一個重大的進展。不過，就在門徒與三國的守護各自交戰後一年，策動這次門徒起事的細川政元在永正四年（一五〇七）六月被家臣及養子暗殺，京畿頓時變天。

一直在大內家等待歸位的足利義稙收到消息後，立即在永正五年（一五〇八）起兵，與大內義興以及政元的養子細川高國合作，成功殺進京都。政元擁立的足利義澄逃到近江避難，被迫將京都暫時拱手讓給義稙。

京都政局出現翻天覆地的變化後，影響也隨即浮現。其中，在義稙被廢時，發生當家換人事件的能登畠山家也出現狀況。被弟弟慶致趕走的畠山義元得知義稙重得將軍之位後，立即上京覲見義稙，獲得義稙承認他為能登國守護兼能登畠山家的當家。這樣一來，弟弟畠山慶致的立場便變得十分尷尬。

幸然，在義稙的斡旋下，義元與慶致達成了和解共識，義元恢復位置，而做為補償，義元答應立慶致之子，即自己的侄子義總為繼承人，以安撫慶致陣營。結果，能登畠山家在祿正六年（一五〇九）成功用最和平的方式完成權力轉讓的手續。義元復位後也得到了義稙的重用，更被指令到京都輔助宗家．管領畠山家的新當家．畠山稙長（尚順之子）。六年後的永正十二年（一五一五），義元在能登國七尾（今．石川縣七尾市）病逝，由養子義總接任為能登國守護，在義總的統治下，能登畠山家得以進入一個較長的安定時期。

然而，義總接位後的周邊環境卻毫不平靜。永正三年（一五〇六）的北陸大亂中，暗中幫助門徒的越中守護代神保慶宗在事後一直擔心門徒勢力過大，終會影響到自己的地盤及權勢，與這些本願寺派門徒的關係也變得十分微妙。不久後，承繼亡父出任越後國守護代的長尾為景順利平定越後國的反亂後，在永正十六年（一五一九）為了為父報仇，再次出兵越中國，矛頭直指當年暗通門徒軍的神保慶宗。

可是，長尾為景為免報復會刺激到門徒的神經，早早便跟越中國的門徒們表示自己無意與他們為敵，只為攻打神保慶宗以報殺父之仇，另外也是應了管領畠山家的邀請，希望收回越中的控制權，神保家無疑是長尾及畠山兩家的共同敵人。為了配合宗家的行動，能登畠山義總也立即出兵響應，三方圍攻神保家的軍事行動已經迫在眉睫。

可是，三軍圍攻神保慶宗所在的二上城（今・富山縣高岡市）時，因為能登國內出現不穩情況，三軍之中的能登畠山軍被迫撤退，長尾為景及越中的畠山家也只能暫時退出包圍。一年後，誓要報復成功的長尾為景再次出馬，與越中的畠山軍一起再攻神保慶宗，又再次聯絡能登的畠山義總出兵支援。

為此，遠在紀伊的畠山尚順向長尾為景以及畠山義總在同年四月訂立盟約，討伐神保慶宗之後，尚順願意任命為景擔任越中國新川郡（今・富山縣魚津市、黑部市一帶）的郡守護代，做為感謝為景代勞平亂的酬勞，同時，尚順又保證能登畠山與管領畠山跟長尾家的同盟互守的關係不變。

再次確認條件後，為景軍便直插越中國領，一方面按照尚順的開出的條件，分兵接管了新川郡，之後再次圍攻二上城。神保慶宗雖然沒有坐以待斃，與為景軍僵持了半年，但終於在永正十七年（一五二〇）二月的新庄城之戰（今・富山縣富山市）中被為景及義總的圍攻下大敗而死，神保家也一度沒落。

神保慶宗大敗後，隨即引出了新的問題。為景報了父仇後，也自動解除了與門徒的不戰協議，為景在永正十八年（一五二一）凱旋回到越後後，立即以守護代的名義下令禁止本願寺派在越後國內以及為景新獲得的越中國新川郡傳教。為景這種瞬間翻臉的行徑，當然惹起了本願寺實如以及越中門徒的不滿，同年七月，本願寺實如下令加賀、越中、能登的門徒驅逐「法敵」為景，早已有所覺悟的為景和同樣想除去本願寺門徒的畠山義總一起出兵，在越中國與門徒軍展開了連場的激戰。

這場圍繞著教派與世俗權力之間的火拼持續半年後，便近來了轉機。當時京都的幕府再次出現政治矛盾，將軍足利義稙不滿管領細川高國專橫，與高國發生衝突。高國隨即擁立了一直流亡在外的足利義澄之子・足利義晴為新將軍，迫使義稙再次走上流浪的日子。

新將軍登位後，高國為了凝聚幕府的向心力，希望京畿附近的戰亂能暫時平復，其中一個焦點落在激戰中的越中國裡。高國於是在大永二年（一五二二）向本願寺實如施壓，要求他制止在越中國與為景軍作戰的門徒，讓戰事早日結束，實如照辦之下，越中國的戰鬥暫時走向終結。

教派衝突

在新管領細川高國的調停下，越中跟能登的門徒與守護軍的戰鬥於大永二年（一五二二）走向平靜，但是這不意味著越中、能登及越前便從此相安無事。大永五年（一五二五）二月，本願寺派宗主．本願寺實如圓寂後，年幼的嫡孫證如接任宗主之職，由母親慶壽院輔助，但實際上輔政的是證如的外祖父顯證寺蓮淳（本願寺實如之弟）以及其子弟。可是，教派內部因為蓮淳獨攬輔助年幼宗主之權，排除主和派的行為引發了權力鬥爭，後來慢慢演變成教派內部的黨派之爭，屬於擴張教區的蓮淳被稱為「大一揆」，溫和派則被稱為「小一揆」，因此，這場權力鬥爭也被稱為「本願寺大小一揆」，或「本願寺享祿錯亂」。

這場黨派之爭自然也影響到加賀、越中等地的本願寺門徒的向背，加上兩國的門徒對於大永二年的強制停戰，使他們擴大教派地盤的計劃受挫，早已甚為不滿。現在宗派高層的權力鬥爭更是火上加油。於是，越中、加賀兩國內希望重啟戰端的激進派便加入到同聲同氣的大一揆之中，攻擊兩國內的溫和派。

然而，這場本願寺內部的衝突卻不是這麼單純的黨派之爭，與本願寺有交情的武士領主也不能避免地被牽涉其中，久而久之這場衝突也便擴大成一場席捲北陸的大亂。

野心勃勃的越中國大一揆派更想趁打壓小一揆派之餘，將越中國也變成另一個加賀國，即由門徒支配的「淨土真宗之國」。越中國內除了守護畠山家以及守護代的領地外，還有幕府管領細川家的食邑。剛好當時的細川家又爆發了細川高國及細川晴元的戰亂，於是越中國的大一揆派便與細川晴元合作，以幫助晴元清除越中國的高國派為名，實際上就是想併吞那裡的細川家食邑，一舉雙得。

另一邊的加賀國也亂成一團。享祿四年（一五三一）七月，大一揆派的領袖蓮淳派坊官下間賴秀來到加賀，指揮當地大一揆派對付當地的小一揆派，加賀國頓時再陷戰火之中。當然，一直對本願寺門徒甚為警戒的守護能登畠山家、越前的朝倉家也時刻盯著局勢的發展。當激進的大一揆派越來越目中無人的時候，能登畠山家和越前的朝倉家終於決定介入事件，阻止大一揆派繼續擴張。

同年秋天，畠山義總和朝倉孝景先後出兵協助小一揆派抵抗下間賴秀指揮的大一揆軍。畠山家由一族畠山家俊率領的精銳火速南下加賀，與同時間北上，由猛將朝倉教景（宗滴）率領的朝倉軍實行南北夾擊，希望一舉殲滅目中無人的大一揆派，順便打壓北陸的本願寺門徒的氣燄。可是，畠山軍出師不利，南下至加賀北部的石川郡（今・石川縣金澤市）的激戰中被大一揆軍殺個大敗，家俊以下的指揮官大多戰死沙場，南方作戰的宗滴受到消息後，也停止了進攻，改為固守陣地。

畠山軍大敗後，小一揆派被打壓的命運已不能逆轉，只能跟敗北的畠山軍一起逃到能登，再做打算。然而，大一揆派的氣燄也只能維持數年時間，宗主本願寺證如成長後，堅守祖宗蓮如不涉俗世政治的教誨，轉為打壓大一揆主張的激進擴張戰線，在天文七年（一五三八）更將加賀國內主戰的一揆指揮官處死，以免教派進一步與當地周邊的守護發生戰事，最終影響到本願寺的存亡。

另一方面，被大一揆軍殺的大敗的能登畠山軍損失慘重，難得和平的領國也開始出現暗潮洶湧。為了承擔出征加賀大敗的責任，畠山義總削髮出家（法號「直胤」），以平人怨，但是在天文七年（一五三八），畠山義總的三名弟弟聯手想打倒自己的長兄，又密謀想與本願寺合作，一起奪取能登國。已經決定不涉武士領主政治的證如斷然拒絕之下，這次的陰謀無法得逞，但在義總出兵鎮壓之前，三人已經逃到加賀再等機會出手。

當時已經年老的義總為免弟弟們成為自己死後的禍根，通過親家六角定賴（義總之女為定賴之子義賢正室）請求將軍足利義晴向證如下令，禁止本願寺支援弟弟的行動。為表誠意，義總與證如也達成了和解協議，連同與本願寺一直友好的六角家，三家結成了新的政治同盟，支撐著細川晴元・足利義晴的政權。

戰亂再起

能登畠山家與本願寺之間達成了和解的同時，東邊的越中國則仍然戰亂未止。當時的越中國守護畠山家遠在京畿，只能通過指令，遙控越中國。然而，宗家的畠山尚順跟隨著足利義稙逃出京畿後，年輕的畠山稙長對越中國的控制便難上加難，越中國實際上已成為了沒有守護的地方。

到了天文十二年（一五四三），一生與本願寺門徒不俱戴天，唯一對越中國有點影響力的長尾為景病死後，越中國更是處於群龍無首的狀態。取而代之的便是神保家與椎名家的雙雄之爭。神保慶宗在新庄城之戰中大敗戰死，但他的兒子神保長職僥倖逃出生天，獲同樣是畠山家家臣土肥家的收留。為景病死後，長大成人的長職立即與土肥家跟國內的本願寺激進派門徒合作，跟屬於長尾方的椎名康胤對戰。

椎名家原本也是畠山家的重臣兼守護代，也曾跟神保慶宗合作，後來在新庄城之戰時，康胤之父椎名慶胤與慶宗一同戰死。但是，按照畠山尚順的協議獲得了新川郡守護職的長尾為景為了方便管治，赦免了在郡內紮根多年的椎名家，更讓康胤擔任為景的代理人，管理新川郡。為景死後，神保長職立即舉兵而起，直指新川郡的椎名康胤，兩軍於是在富山鄉（今・富山縣富山市）一帶展開交鋒。

為了爭論無主的越中國控制權，神保與椎名兩家的大戰事實上是使大永初年促成的和解停戰成為空談。對於當年促成停戰的管領畠山家和能登畠山家而言，這個情況絕對不是他們願意見到的結果。天文十二年（一五四三）十月，能登畠山家派使者到越中，希望阻止兩家的戰爭椎名與神保在沒有打倒對方的勝算下，在隔年天文十三年初接受了畠山家的停戰要求，但這個和平並不長久，兩雄相爭之勢已成，加上外圍環境的帶動下，越中國的戰亂在不久後又死灰復燃。

其中一個重要的誘因來自於出面調停的能登畠山家的內訌。天文十四年（一五四五）七月，帶領畠山家及能登國獲得數十年和平，同時也背負著征伐加賀失敗之責的義總病死後，由次子畠山義續接任。但這個當家交接的過程並不穩定，早早便出現了連串的內亂。先是早年反抗亡父義總的三位叔父逃到加賀後，直至義續的時代，其中一名叔父畠山駿河趁機在天文十六年（一五四七）入侵能登國羽咋郡（今．石川縣羽咋市）。雖然畠山駿河很快便被義續派出的軍隊打敗而死，但自此之後，義續時代的能登國多次發生大小的亂事，而且亂事也逐漸跟畠山家的政治鬥爭扯上關係。

天文十九年（一五五〇）七月，畠山家再次爆發家臣騷亂，迫使畠山義續與重臣要引兵在主城七尾城困城堅守。兩名重臣遊佐續光與溫井總貞兩派為了是否介入越中國神保長職與椎名康胤的戰鬥問題，以及爭奪畠山家的主導權問題引起了鬥爭。終於兩方在同年發動了戰爭，史稱「石塚之戰」。這場內戰一直持續到天文二十年（一五五一）二月，經過混戰之後，兩派的戰鬥才勉強平息下來，為了向世人昭示畠山家負擔引起騷亂之責，畠山義續帶領作亂的群臣一起削髮出家，以謝天下。

可是，義續在戰亂平息後仍然被家臣指責他做為一家之主，遲遲無法平息家臣作亂，欠缺領導能力。無奈之下，義續改以合議制的形式整頓統治架構，又釋放權力給長、遊佐、三宅、平、伊丹等七名重臣，希望能完全平息眾怨之餘，又能讓家臣之間互相制衡。到了天文二十一年（一五五二）義續再將當家之位讓給了長子義綱，自己引責退居幕後。

義續改變體制的決定在結果上使畠山家從此走向積弱多亂的黑暗時代。石塚之戰兩年後的天文二十二年（一五五三），溫井與遊佐兩家的對立再起，這次遊佐續光成了敗北方，逃到了加賀。為了東山再起，遊佐又與一直在加賀潛伏的畠山駿河的餘黨以及一直敵對的門徒眾聯手，同年底反攻能登，但這次又被老對手溫井家率領的畠山軍打敗，再次逃回加賀。畠山家的家政便一時成為了溫井家主導的合議制。

不過，畠山家的內亂卻峰迴路轉，與本願寺門徒關係深厚的溫井總貞與越中的神保長職聯手，企圖建立一個有利門徒發展的聯盟，但是這個舉動始終觸及了畠山家一向的方針底線，而且，當時的神保家為了對抗該國的死對頭椎名家，又暗通甲斐的武田信玄，希望牽制椎名背後的長尾家。

因此，溫井總貞與神保長職的這個大計劃不僅刺激了畠山家，同時也觸動了鄰國越前、越後的神經。到了弘治元年（一五五五），溫井總貞被新主君畠山義綱殺害，溫井家也被趕出能登，相反雌伏在加賀的遊佐續光則成功回歸畠山家。

受到畠山家內部再次變天的影響，加賀國的門徒在同年再次受到越前朝倉家的攻打，加賀南部的激進派幾乎被一掃而空，被迫退到北部的石川郡和河北郡死守。另一方面，被迫出走加賀的溫井家則組織反擊，很快便擁立了畠山駿河一族的畠山晴俊為主君，攻入能登國後，佔領了勝山城（今・石川縣中能登町），與鄰國越中的神保長職保持聯繫，對抗七尾城的前主君畠山義綱及宿敵遊佐續光。

能登國再次陷入戰亂狀態時，越中的神保長職與椎名康胤之爭也被捲入其中，使兩家的鬥爭更為複雜。為了對抗與溫井家、武田家聯手的神保長職，椎名康胤理所當然的跟畠山義綱合作，實行兩邊夾擊，同時康胤又與當時剛繼承越後國守護代的長尾景虎（上杉謙信）緊密聯繫，以獲得持續對抗神保長職的支援。

換言之，當時的能登、越中兩國的對戰上，還將鄰國勢力給扯了進來，簡單地再整理的話，便是能登的畠山義綱、遊佐續光與越中的椎名康胤，還有越前的朝倉義景和越後的上杉謙信聯手，對手則是畠山晴俊與溫井一族（能登），神保長職（越中），外有加賀門徒（對朝倉），還有武田信玄（對謙信）。

畠山家的內亂一直持續到三年後的永祿元年（一五五八）終於出現突破，畠山義綱陣營攻陷了勝山城，迫使溫井一族再次逃回加賀，慢慢走向沒落，能登國內的餘黨也在數年內被肅清，到了永祿三年（一五六〇），能登國再次回到和平的局面，然而，這次的和平也只能維持六年，連年內亂的畠山家終究逃不過沒落的命運。

英雄不在

弄巧成拙

正當京畿地區以至近江、美濃一帶的近畿地區都受到明應政變以及細川政元被暗殺影響，亂成一團的時候，距離京都不遠的伊勢國、伊賀國以及志摩國當然也難免受到影響，三國的情況更是有些複雜。

首先談到伊勢國的政治環境。在該國存在兩個對立，但卻又不是完全獨立的政治中心。第一個是盤據在俗稱「南伊勢五郡」的伊勢國南部裡，時稱「多氣御所」（「御所」為「達官貴人的住處」的敬稱）的北畠家。

從南北朝時代開始，北畠家已經一直擔任伊勢國的國司。「國司」就是古代日本律令制下，各律令國的最高地方行政首長，又稱「國守」。後來武士建立幕府政權後，侵蝕原有的朝廷制度，在各律令國內另立跟「國司」一樣功能的「守護」（換言之就是「幕府版的國司」），奪去並吸收國司的權限。

到了室町時代時，國司已經是有名無實的虛銜，只剩下伊勢國的北畠家、飛驒國的姊小路家（詳見第二部）兩國的國司仍然保存一定程度的影響力及實力，後來在應仁文明之亂後，到土佐國幡多莊實行直接支配的一條家也自稱為土佐的國司。

北畠家雖然出身村上源氏，但卻一直與朝廷的貴族世家保持聯繫，自身也一直留在京畿活動，事實上也成為了公卿貴族的一員。其中，有名的北畠顯房、顯家父子是全心全意輔助後醍醐天皇重建天皇權威，實現天皇親政的肱股之臣，伊勢北畠家的開家之祖·北畠顯能便是顯房的三兒子，在建武二年（一三三五）被天皇任命為伊勢國司，在該國的多氣（今·三重縣津市）建城開治。

在南北朝分裂的時候，北畠顯房及顯家父子在東日本為南朝奮戰，而顯能則在伊勢國南部與控制伊勢國北部的幕府軍對峙。雖然後來南朝勢力陸續被北朝壓倒，父兄也先後離世，但是伊勢國的情況仍然處於僵持局面。一直到應安六年（一三七三），終身獻身給南朝的伊勢國司北畠顯能病逝不久後，南朝也接受三代將軍足利義滿的提議，與北朝和解。

與此同時，伊勢北畠家取代亡父亡兄，以北畠家宗家的身分在形式上向幕府投降，又接受了幕府的統制，但實際上則仍然保持實力，在南伊勢五郡與由幕府派遣到伊勢北部的伊勢守護，以及伊勢國裡效忠幕府的武士領主對抗，為南朝勢力保留血脈。

室町幕府對於這個南朝最後最大的餘燼也是用盡心力去安撫及警戒。一方面默認了北畠家在南伊勢的控制權，一邊又先後任命美濃國守護土岐家的支族．世保家，以及足利家的一門．一色家為伊勢守護，兼帶對抗及監視的工作，找機會慢慢去蠶食北畠家的地盤，期待有朝一日可以完全解決駕馭這個難搞的對手。

可是，世保家以及一色家的表現都讓幕府的計劃難以實現。世保家到任後自己先胡作非為，胡亂圈佔那裡屬於寺院、貴族的莊園，又風評不佳，導致幕府一度將其革職，而一色家雖然努力控制住伊勢北部的一些領地，讓自己做為伊勢守護保有立足之地，但對於要制衡北畠家，則是有心無力了。

不僅如此，其實除了國司北畠家和守護一色家外，伊勢國內還有三股勢力：在伊勢灣中部的安濃郡（今．三重縣津市）及奄藝郡（今．三重縣鈴鹿市、龜山市、津市）的長野家和夾在長野家跟守護一色家之間的鈴鹿郡（今．三重縣鈴鹿市）關家，都是伊勢國北部最有實力的武士領主。另外，在伊勢國最北面的員辨郡（今．三重縣稻部市）及朝明郡（今．三重縣四日市市、朝日町一帶）則有一群小領主，他們屬於直轄幕府的武士領主，聽憑幕府的指令，兼任幕府直轄軍的一員，因此不受伊勢守護的指揮。

幕府到了後來也改變了初衷，與其將希望放在守護身上，還不如同時重用長野家、關家及那些小領主，與守護一色家作「四頭馬車」去牽制北畠家，同時又繼續攏絡北畠家，讓他不要造次，又可以借助北畠家反制這「四頭馬車」，幕府只需站在後面靜觀其變，住收漁人之利便可。

不過，幕府這種「危機分散」的管理措施結果上卻是先引發出巨大的問題。長野家跟關家分別獲得幕府重用，但由於兩家領地接壤，實力旗鼓相當，於是兩家為了爭奪地盤而爆發戰鬥，更把本來應該一起牽制的北畠家也扯了進來，使情勢變得異常複雜，最後一色家也不能幸免，身陷其中，「四頭馬車」加上北畠家互相碰撞的亂局就此形成。

迷途知返

伊勢國的混亂在應仁文明之亂時便一再惡化，上述的長野家及關家、北畠家及一色家都受到京都政局的影響，先後加入到對立的東西兩派陣營。一色家支持足利義視（西軍）陣營，與支持足利義政（東軍）陣營的長野家、關家；而北畠家一開始雖然支持義視陣營，但後來又改為支持義政陣營，不久後便決定靜觀其變，待情勢明朗之後再作打算。相反，伊勢國北部則成為了其中一個主戰場，長野家與關家還有一色家等都深陷其中，元氣大傷。

隨著應仁文明之亂不了了之地結束後，北畠家看準了機會，來一個「螳螂捕蟬，黃雀在後」，當時北畠家的當家北畠教具趁北部大亂剛定，便立即率軍北上，打算一舉擴張勢力。當然，這時便教具想著的，已經不是重振南朝，是完完全全的擴大北畠家地盤的擴張計劃。教具北上作戰的第一個重大障礙便是中部的長野家。文明二年（一四七〇）開始，北畠家與長野家率領的中部領主聯盟展開激戰，可是，才開戰不滿一年，教具便在文明三年（一四七一）患急病而死，北畠家的北上攻略便由他的兒子．北畠政鄉來繼承。

畢竟北畠家在南部養精蓄銳多年，實力絕對不能低估，擋著北畠家大軍的長野家當然深明這個嚴峻的事實，趁著北畠教具死在陣中，北畠家暫時失去戰意的時候，長野家的當家．長野政高便向外請求援兵，又加快對周邊地區的擴張，增強實力去對抗遲早重臨的北畠家。文明五年（一四七三）八月，長野政高請來了鄰國美濃國守護代齋藤妙椿出手相助。同年十月，妙椿與養子妙純率兵攻入伊勢國，與長野家的軍隊與北畠政鄉的手下大將岩內顯豐率領的北畠軍於河曲郡、鈴鹿郡（今．三重縣鈴鹿市）等地展開對戰。兩個月後，齋藤家與長野家的聯軍被北畠軍打敗，齋藤妙椿等人被迫撤退回美濃。幾經辛苦，北畠家北上的第一步終於踏實了。

不過，北畠家的勝利只是將插手伊勢國戰亂的「他國人士」趕走，沒有損害到當事人長野家的元氣。長野家一邊阻止了北畠家繼續北上，另一方面也繼續自己的擴張計劃，進逼鄰近的另一個重要勢力．關家。

對於北畠政鄉來說，不拔掉長野家這大牆，擴張計劃便只能取得很小的成果，於是長野與北畠兩家的再一次對決只是時間問題。到了文明十一年（一四七九），兩家因為鈴鹿郡神戶（今・三重縣鈴鹿市）的領有權問題，終於在同年十一月爆發第二次的戰鬥，這次沒有齋藤家的幫助下，長野家卻能夠獨力大敗北畠軍，更將戰敗的北畠政鄉迫到神戶城內困守待救，狼狽不堪。

結果，兩軍在文明十二年（一四八〇）四月，兩家在大和國的領主越智家榮的斡旋下達成和解，政鄉得以回到南伊勢，免於被俘或被殺。這次的大敗沒有減緩政鄉對長野家的敵意。對手的長野政高自打敗了北畠政鄉後，也更加肆意地在中部擴張，恢復對關家的進逼。

同年八月，北畠政鄉以求助關家為由，實際是想報被圍之仇為實，再次出兵挑戰長野家，這次北畠家終於報回一箭之仇，打敗了長野家，更將關家給拉攏到自己的陣營，一起對付長野家，政鄉更將北畠的一族子弟・北畠政盛送到關家支族的神戶家當養子，鞏固對關家的滲透。

北畠家在政鄉壯年時終於向外擴張，在混亂的情勢下闖出一片天。不過，政鄉晚年的行為卻將自己一手築起的成果將白白斷送。文明十八年（一四八六）七月，政鄉出家的同時，又將當家之位讓給長子・北畠材親，但事實上仍然掌握家政大權，材親只是掛名的當家。不久後，政鄉又寵愛幼子北畠師茂，希望從長子材親的手上，收回當家之位，改傳給師茂。

老當家變心的問題終於將曾有起色的北畠家拖入內亂的深淵。明應六年（一四九七）三月，北畠家內一些不滿材親施政的家臣擁立老當家鍾愛的師茂為新當家，更將師茂迎接到一志郡木造城（今・三重縣津市），舉兵反抗材親。

六月二十日，材親出兵鎮壓叛亂，正在快將攻陷木造城之際，與師茂陣營暗通的宿敵長野家的援軍及時趕到，從後突襲了材親的攻城軍。原本勝利在望的北畠軍因此功虧一簣，被以逸待勞的長野軍殺得大敗，北畠家面對前所未有的危機。

做為引起這分裂的根本關鍵，北畠政鄉為了阻止自己努力得到的成果不至於毀在自己手上，當北畠家大敗給長野家後兩個月，即八月十八日，政鄉決定親手了結這個混亂，他親自前往仍然在困城自守的木造城，強制帶走了被家臣擁立的愛子師茂，交給了長子材親處置。叛亂的家臣失去了大義名分下，叛亂也因而失敗告終。

暴風前夕

北畠政鄉自行修正錯誤，在千鈞一髮之際挽救了北畠家的危機，忍痛交出愛子北畠師茂後，政鄉也不再過問政事，全權由材親來掌控家政。結果，北畠家克服了前任與現任當家爭權、政出多門的尷尬局面。

另一邊的長野家趁著北畠家內訌，坐收漁人之利，更在木造城之戰重挫了北畠家。北畠家受到這個大敗的影響，暫時對長野家無法構成威脅，於是長野家便更安心地繼續在鈴鹿郡，以及北方的桑名郡（今・三重縣桑名市）擴張地盤。不過，北畠家在政鄉退隱，材親完全掌握權力後，與長野家的恩怨情仇重燃。

永正五年（一五〇八），獲幕府將軍足利義稙任命為伊勢守護後，北畠材親利用這個大義名分，再次跟長野家交戰，這次材親的出擊銳不可當，長野家節節敗退，又在五年後的永正十年（一五一三）四月的五百野之戰（今・三重縣津市）中重挫了長野軍，接著在永正十一年至十二年（一五一四至一五一五）期間，兩家又在鈴鹿郡栗真莊（今・三重縣鈴鹿市）展開爭奪戰。長野家雖然一直處於劣勢，但仍然能勉強頂住北畠材親的攻擊，保住了鈴鹿郡的控制權。

不過，長野家在另一邊的桑名郡則出現更重大的危機。踏入天文年間初期（一五三二至一五三六），桑名郡的領主梅戶家通過收養北鄰的六角定賴之弟・六角高實為養子，與六角家結成了同盟關係。六角・梅戶聯盟下，對於早已進出桑名郡的長野家來說，自然是一個重大的打擊。因為梅戶家與六角家聯手，意味著強大的六角家隨時會藉著支援梅戶家的名義，揮軍南下阻礙長野家的擴張行動之餘，還會將勢力滲透到伊勢國裡去。

為免刺激六角家真的南下，長野家的當家・長野稙藤一方面拉攏與六角家不和的本願寺宗主・證如牽制六角家，希望證如在必要時下令桑名旁邊的長島願證寺出手幫忙，同時又與梅戶家談判，提出瓜分桑名郡，爭取免戰雙贏。梅戶家一開始同意了稙藤的提議，但不久之後，稙藤又放棄了當初的想法，趁著天文五年（一五三六）京都的天文法華大亂，六角家無空顧及伊勢時，突然出兵與梅戶家作戰，斬獲了一些成果，但這種近乎出爾反爾的行動在數年後便要付出代價。

天文九年（一五四〇），六角義賢（定賴之子）終於騰出手來教訓長野稙藤首鼠兩端的行為，同年九月至十二月，六角家的大軍南下伊勢，與長野家大戰，在這場決定長野家霸權的大戰裡，長野家完全不是六角軍的對手，結果不只是桑名郡的地盤盡失，就連多年奮鬥得來的鈴鹿郡也大半斷送給六角家，只能力保老巢奄藝、安濃兩郡平安無事。

長野家完全敗給六角家後，伊勢國各個勢力在長期慢性的內戰之中，都先後消耗元氣，無法再有大的動作，南方的北畠家雖然所失最少，但在材親於永正十四年（一五一七）死去，長子北畠晴具接任後，改為主守不擴張的方針，除了支援友好勢力外，盡量都不主動進行軍事行動，為目前為止一直苦於戰亂的北畠家贏取休養生息的時間。

在外，晴具積極與六角家結盟，去牽制最為頭痛的敵人長野家，但當長野家已被六角家打得慘敗之後，晴具對長野家的警戒心也稍為放低了，天文十三年（一五四四）時更與一直敵對的長野家、關家等聯手，幫助六角家對抗北近江的京極家以及淺井家。總之，伊勢國進入天文年間，自室町時代的戰亂已經暫時告一段落。但是，這在結果上只是暴風雨前的短暫寂靜而已，二十年後，東鄰的尾張國將為伊勢帶來久暌多年的腥風血雨。

無主之國——伊賀、志摩

伊勢國出現連番大亂時，西部的伊賀國，以及東南部三面環海的志摩國的情況另有不同。伊賀國被山城、大和、近江及伊勢四國包圍，當地的大小領主的統治範圍大多以村落為單位，在狹小、山多平地少的伊賀國裡，領主之間通過結親或同盟關係建立合作關係，也因為這個原因，伊賀國裡長期沒有發展出一個獨立強勢的勢力。伊賀國的守護仁木家面對這種特別的地緣政治關係，無法找到空隙給自己紮根，只能在伊賀國最大的伊賀郡（今‧三重縣伊賀市）一隅找到自己的落腳點，但難以指揮當地的領主們為自己效命。

加上伊賀國被四面包圍，勢孤力弱的伊賀國領主們自然容易受到鄰國的政治局勢左右，為保家國安全，伊賀國的領主時常到他國為友鄰出戰，久而久之，伊賀國的領主們慢慢發展成為一群專業的「僱傭兵」。

十五世紀後期，歷史上便出現了名為「伊賀眾」的軍事力量，在鄰國大和、近江、伊勢等地出現，為各地的領主分憂，協助配合他們的軍事行動。例如應仁文明之亂裡，

「伊賀眾」便從屬西軍的畠山義就，在山城國（今・京都府南部）與東軍血戰。長享元年（一四八七）又幫助北鄰的近江國六角家抵抗前來討伐的綠髮將軍・足利義尚，協助六角高賴逃出近江，在伊賀國暫避風頭。為表感謝，高賴答應「伊賀眾」待幕府軍退去，自己回到近江國重整旗鼓後，會重重酬謝他們的救命之恩。

如上可見，伊賀國的大小領主們在室町幕府晚期出現內亂頻仍的時候，依然是一群無主之眾，他們為求戰亂不波及到自己的家國，只好出外作戰，換取伊賀國內無風無浪。然而，在戰亂無日無止的戰國時代裡，這種在外作戰以求生的方式終究不會有效，而且國內的領主個別地與四周的鄰國作戰，一旦落敗之後，難免最終會惹起該國手足之間的矛盾，連累到伊賀國的安全和太平。

因此，在這種進退兩難的困境下，伊賀國的領主們開始意識到要守衛家國的重要性，天文二年（一五三二）時，伊賀國內上下的大小領主集結在一起，同意要大團結，一致對外，連同早已是橡皮圖章的守護仁木家一起立誓共同守護伊賀國，宣布伊賀國為「惣國」（領主聯邦）。後來，為了防範外敵的入侵，新成立的「伊賀國領主聯邦」制定了「惣國」之法，規定了消息通報機制、徵召百姓參戰時的統一標準，以及擔任指揮官的決定方法等。

在周邊地區紛亂不休的情況下，狹小貧瘠的伊賀國姑且還能自保，在「惣國」之法定立之後也能勉強抵禦一般的外敵入侵。可是，到了後來周遭鄰邦的情勢陸續大變，群弱零星的戰事陸續轉化為大勢力之間的火拚時，伊賀國的自保之策也將走到了盡頭。

目光轉到東端的小國志摩國（今・三重縣鳥羽市、志摩市）。跟內陸的伊賀國一樣，志摩國人少地窄，沒有發展出一個獨立的強權勢力，但跟伊賀國最大的不同是，幸臨伊勢灣的志摩國受惠了地利之便，當地的領主靠著海運物流的技能，慢慢發展成一批以海為本錢的武士集團——「警固眾」，也就是所謂的水軍、海賊。

「警固」就是警衛、固防的意思，這些武士領主在伊勢灣等海域上，利用自己熟知地利水土的優勢，除了自行參與海上貿易外，也會為航行的船隻提供保鏢、押運，甚至作戰的服務，反過來說，他們也會藉這種便利，強制經過附近水域的船隻繳交「警固料」（安全費），以確保不受襲擊。

在志摩國，這些以「警固」為業的武士領主原本都從屬當地西鄰的伊勢神宮（今・三重縣伊勢市）的支配，為神宮效命。然而，戰亂頻仍，加上這些領主受惠於海上生意的利潤幫助下，神宮的支配相對之下越來越弱。神宮趁這些「警固眾」還沒完全成為脫韁野馬之前，趕及重組手下的「警固眾」，在文明十三年（一四八一）任命了其中兩個在答志郡（今・三重縣鳥羽市）勢力最大的「警固」勢力——泊浦的泊家，以及麻生浦的和田家為代官（行政官），讓他們去統制志摩國海域的「警固」以及處理海域的一切雜務。

神宮任命兩家共同擔當統制的目的，既是希望覆蓋面更廣，同時期待兩家互相牽制，防止一方獨大。不過，神宮的設計很快便宣告失敗。文明十四年（一四八二）泊家與和田家很快便因為船運利益以及爭奪更大支配權的問題，出現嚴重的對立。即便神宮立即出手調解，但兩家的對立不斷升溫，已經到了快要開戰的地步。這個時候，志摩國內勢力較小，但聯合起來統稱為「島眾」的水軍領主一起阻止了兩家對戰，而且在「島眾」的壓力下，和田家與泊家被迫接受「島眾」領主一起參與志摩國內海港船務的協商。

文明十四年的紛爭結果上既是象徵著調解失敗的伊勢神宮已經無法控制「警固眾」，意味著神宮失去主導權的事實已經是鐵一般的事實。另外，表面上看來，兩大「警固眾」和田家和泊家在成長為志摩國強權之前，因為眼前利益之爭而兩敗俱傷，被迫屈服到群小的「島眾」壓力之下。但是事實上，這些統稱為「島眾」的小領主裡，有不少都是泊家的同族兄弟或友鄰，只是勢力較小而已。換言之，這場紛爭變相是泊家與一族的久喜家（後來改為「九鬼」）「聯手」壓倒和田家，共同掌握志摩國水軍指揮權的第一步。後來，泊和九鬼兩家為了爭奪該國水軍領導地位和志摩國支配權發生了爭執。直到五十年後，東鄰的織田信長入侵伊勢、志摩兩國，九鬼家因為效忠信長而獲得了完全的勝利，志摩國的「警固眾」水軍被改稱為「九鬼水軍」也是那時候開始的。

第五章

奧羽縱橫

上——混沌

以京都為根據地的室町幕府在十五世紀後期的爆發應仁文明之亂，使間歇性出現內亂的室町幕府再次陷入統治危機。最終不了了之的結果導致幕府的權威久久無法恢復，逐漸走向衰亡的深淵。

早在京都大亂之前，日本本州島東北的陸奧國（今・青森縣、岩手縣、宮城縣、福島縣）及出羽國（今・秋田縣及山形縣）已經陷入長期戰亂當中，永無寧日。經過一百多年漫長的和與戰之後，武士家族多而弱小的奧羽地區中終於慢慢形成了十多家較強大的大領主，使戰亂局面進入了最激烈的階段。接下來，先來看看奧羽地區是怎樣由雜亂無章的混沌時代，慢慢進化成群雄爭霸的局面（圖1-19 北奧羽關係地圖）。

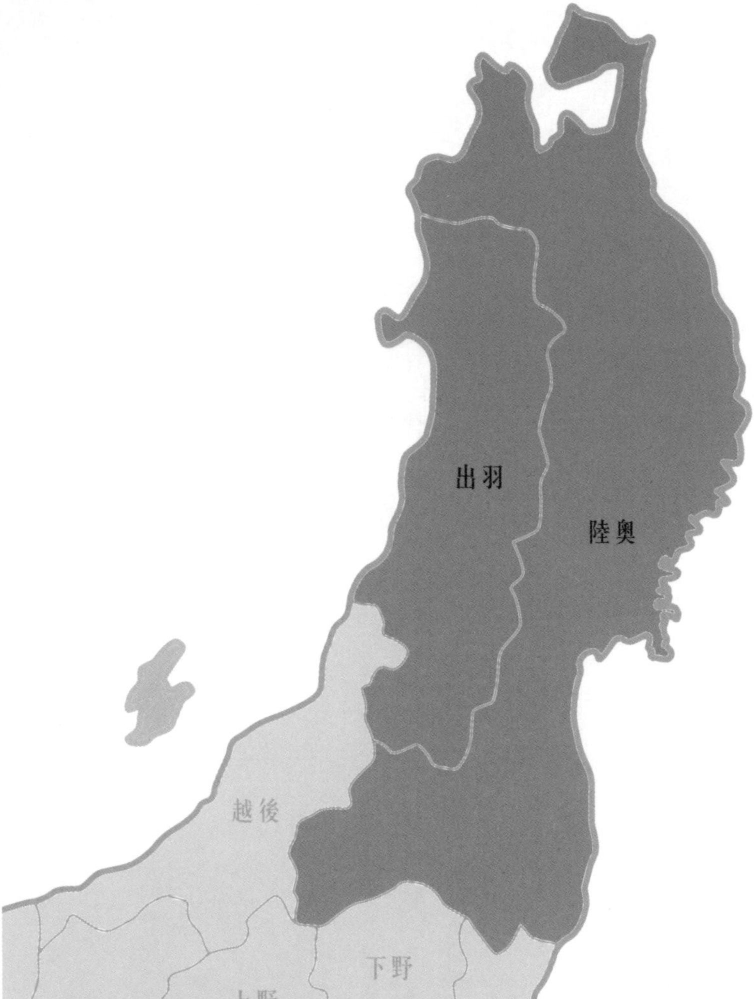

奥羽縱橫區域地圖

前史：不知和平的大地

弄巧成拙

室町幕府統治奧羽地方的一個重要分歧點發生在明德二年（一三九一），當時的奧羽經歷了分亂決裂的南北朝時代，幕府方（北朝）派遣同屬足利家分支的吉良、畠山、石塔以及斯波四大家族先後擔任「奧州總大將」（後來改為「奧州管領」、「奧州探題」），負責統轄奧羽兩國內願意效忠北朝的武士領主，與南朝的北畠家對抗。南北朝對立快將結束的前後，幕府雖然名義上將奧羽地區分別交托給後面提到的大崎家以及最上家，但實際上遼闊的奧羽兩國仍然處於無政府狀態，各領主只是表面上尊重幕府派來的大崎家以及最上家，事實上卻是自行跟幕府及朝廷保持關係，又各自結成小型的領主攻守聯盟，實行大家的權益大家來保護的方針，不完全聽從空降到來的大崎家以及最上家的號令。

在幕府這個粗疏無章的統治方針下，奧羽地區的統治困難多變，武士領主零散分治的局面一直沒有改變。然而，這種狀態沒有一直保持下去，幕府下一步的計劃將再次使奧羽

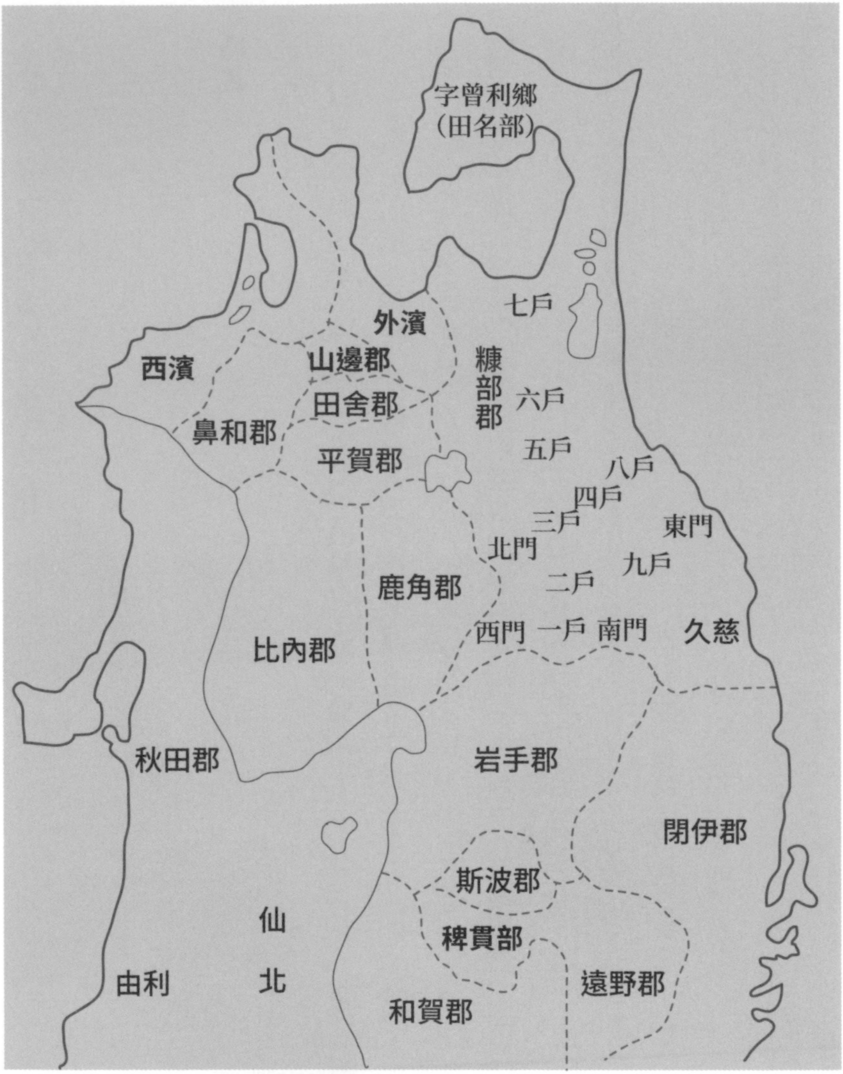

圖 1-19　北奧羽關係地圖

重回戰亂的境地。

時值室町幕府第三代將軍足利義滿（一三五八至一四〇八）正在努力地促成南北朝的統一，同時為了成就真正的統一與和平，義滿跟南朝進行談判的同時，又打算跟份屬同族，當時統治關東地區的鎌倉公方搞好關係。於是，義滿便在明德二年（一三九一）決定讓鎌倉公方統治關東北方的陸奧及出羽兩國，名義上是為幕府分憂，讓幕府可以用少點心力去統治偏遠地區。

鎌倉公方作為室町幕府統治東日本的核心、分身，又是足利將軍的親族，表面上視幕府為上，但同時也自認是東日本之王，與幕府將軍的高貴程度不相上下。隨著血緣日漸疏遠，雙方暗地裡已經成為了政治角力的對手，只靠各種政治的角力來勉強保持平衡。

現在，義滿突然拋出橄欖枝，通過送出兩國的統治權來舒緩雙方的潛在矛盾，對於不願再處於幕府下風的鎌倉府來說，這當然是求之不得的事情。其實，鎌倉府的私心是打算將陸奧國及出羽國拿到手裡後，不只要真正成為東日本之王，還打算待力量倍增之後，再向幕府發動反撲，取代幕府成為唯一的日本之王。

然而，向來擅長玩弄權謀、勢力平衡的足利義滿對鎌倉府的心思也是瞭若指掌，又怎會輕易地放縱對手日漸強大呢？這其實都是義滿的算計。

當鎌倉公方足利氏滿獲義滿賜與陸奧、出羽兩個大國之後，除了趕快派員去實行支配，希望盡快吞下這片大地。不過，陸奧及出羽兩國實在太大，幅員過於廣闊，鎌倉府一時不知從何入手，只好先將跟關東接壤的陸奧國南部（今福島縣）給接管過來，要求那裡的領主認清形勢，主動向鎌倉公方效忠。

與此同時，鎌倉公方派出兩個「分身」到奧州南部，招撫當地的領主，一個是稻村公方，另一個是篠川公方。出發之前，鎌倉公方指示兩人要切法得到兩個當地較強的領主幫忙，才能穩住陣腳，一個是把守陸奧國南部入口的白川家，另一個則是中南部的伊達家。

然而，這兩位公方一進入奧州南部之後，沒有先禮後兵，反而立即要求這兩個「衣食父母」交出部分土地給自己作為食邑。原本礙於幕府及鎌倉公方府的權威及身份，白川與伊達兩家不得不從，只好各自進獻了領內部分的鄉村給兩個公方享用。不過，兩個公方不甚滿意，進一步要求兩家割讓更多的土地，貪得無厭的要求使這兩家為首的陸奧國南部領主們對這兩個空降到來的公方甚為不滿。

除此之外，在陸奧中部，原本貴為幕府委派到當地統轄的奧州管領大崎家也十分不滿。因為兩個公方到來後，自己的地位及身分也變得十分曖昧模糊，等於被完全架空一樣。原本空降到陸奧國大地，要立足已經費足心思，現在幕府的一個順水人情，導致自己多年的努力隨時付之流水，大崎家的鬱悶可想而知（圖1-20　奧羽勢力圖）。

各方不滿的心情化為星星之火，終於一拍即合，成為了叛亂的苗頭。應永七年（一四〇〇）五月，伊達家聯合了大崎家公然對鎌倉公方府作出反抗。伊達家與大崎家在鎌倉公方府的眼裡不過是偏遠地區的一介領主，但是出乎公方的意料，這場叛亂最終歷時達九年之久，使公方接管奧、羽兩國的計劃完全失敗。伊達家為首的反叛可以堅持這麼長的時

圖1-20 奧羽勢力圖

間，是因為有幕府背後撐腰，暗中支持他們跟鎌倉府對著幹，這就是義滿的計劃。利用遼闊難治的奧羽拖垮公方反抗幕府的計劃，再利用這些矛盾，使幕府可以對公方進行干預，甚至打壓。

除此之外，原本就桀驁不馴的奧羽武士領主也不慣於被空降而來的外來者統治，稻村公方與篠川公方高壓的統治手法惹怒了這些領主更是不言而喻，除了選擇親近公方府的白川家外，其他陸奧南部的領主及探題大崎家都一起說「不」，最終公方對管治奧羽兩國也失去了興趣及精力，改為只求他們不添亂就行了。

可是，時間來到十五世紀中後期，幕府與鎌倉公方之間的矛盾日漸升溫，統治奧羽兩國的失敗也使鎌倉公方想轉移視線，將精力放在與幕府爭雄的心思上，最終引發了永享十年（一四三八）的「永享之亂」以及享德三年（一四五五）的「享德之亂」。兩次大亂之下，日本關東地區赫然進入了戰亂如常的歲月（詳見本部第二章第一節）。

「享德之亂」時，奧羽地區也受到了影響。當時的幕府第八代將軍足利義政（一四三六至一四九〇）下令包括奧羽南部在內的領主一起出兵，攻打叛亂的古河公方（鎌倉公方的後繼人）足利成氏。但面對幕府三番四次的出兵命令，奧羽領主根本無意介入幕府與古河公方之爭，態度十分消極。反而，幕府與古河公方之爭促使了奧羽領主們決心遠離中央政治，而兩大政治中心激烈相爭之下，也逐漸減少了對奧羽的關心。結果，除了與關東接壤的白川、岩城、石川等身不由己的領主外，其他的奧羽領主則轉而在廣大的奧羽大地裡，展開了時而對立抗爭，時而和好同盟的「內戰」時代，奧羽兩國的戰亂便是在這個既紊亂又自律的環境下展開的

探題無威

大崎家是足利家一門斯波家的分支，可謂足利家當中的名門強支。然而，這個系出名門的家族在十五世紀末至十六世紀初，一直飽受內亂的困擾，究竟是怎麼一回事呢？

應永七年（一四〇〇），開家之祖斯波家兼的嫡孫大崎詮持與伊達家一起反抗鎌倉公方統治，為幕府找到了箝制公方府的口實，獲幕府任命為奧州探題，從此大崎家便代代世襲同職，成為了陸奧國及出羽國地位最高的領主。

所謂的「探題」，原意為「政務執行官」，是幕府為遼闊的陸奧、出羽大地增設的一個特別職位。與前身的「奧州管領」職權的分別仍然有很多謎團，但簡單而言，「奧州管領」屬於臨時性質的軍事職，只為解決南北朝的內亂，而「奧州探題」（出羽國有「羽州探題」）則是恆久的職位（有關南北朝、室町時代的奧羽歷史，請參閱作者之後的系列作品）。

室町幕府設定這個職位，主要有以下的權限：

（一）該地的最高軍事長官，享有凌駕所有當地領主的軍事指揮權

（二）急幕府、朝廷所急，具有權限去指揮各領主負擔一種屬臨時性質，用來資助幕府、朝廷急要用錢時的「段錢稅」，再上繳中央。

（三）應當地領主的要求，向幕府申請賜予官名，提高領主身價及榮譽的代理權。

靠著這個榮譽及權限，大崎家在名生郡（今・宮城縣大崎市）、加美郡（今・宮城縣加美町）一帶順利地繼續開枝散葉，分治同地區，而大崎家的宗家則以名生郡的名生城（今・宮城縣大崎市）為根據地。

同時，受惠於幕府改變對奧羽地區的統治方針，大崎家得以重新成為奧羽地區的最高領導人，被尊稱為「御所」、「殿樣」，放眼陸奧、出羽兩國，只有同族的山形（最上）家，以及位於南方仙道，同屬足利家分支的畠山家和石橋家在身份地位上可以與大崎家相比。

可是，雖然說大崎家的地位最高，但說到底這些靠的都是幕府的認證以及支持，換句話說，一旦跟鎌倉公方一樣，不再獲幕府支持，又或者幕府改變了倚重大崎家和最上家來指揮奧羽領主的想法時，大崎家便成為了用完即棄的存在，只能眼睜睜的看著幕府起用其他領主，坐視自己的權威日漸受到削弱。

而事實上，上述的各種權限大多只限在探題職設立初期，當局勢轉變，尤其是幕府最

為提防的鎌倉公方府不再成為威脅後，情況便不再一樣了。到了十五世紀末，失去幕府支持的大崎家終於走向衰落之途。原因之一是由於大崎一族及家臣相繼發起叛亂，大大地傷害了大崎家的權威。

文明六年（一四七四）葛西家發生內亂，葛西家與份屬家臣的富澤家爆發戰鬥（富澤之亂），與葛西家關係不錯的大崎家一族及家臣在大崎家還沒下令前已經各自行動，前去協助平亂，可見他們已經擁有十分大的自主性及活動自由，探題大崎家充其量就是倚靠「探題」的名位站立在一族、家臣之上，作為盟主及政治上的代表而已。

這種情況一直沒有改變之下，久而久之便變成了日常狀態，探題大崎家的地位早晚備受質疑。到了長享二年（一四八八），這次終於輪到大崎家內部爆發爆叛亂，家臣之間因為領地邊界問題發生爭執，更發展成武裝衝突，當時探題大崎家的當家大崎義兼無力撫平家臣間的爭執，反而成為了家臣指責的眾矢之的。無奈之下，義兼只好帶著近臣親自走到鄰居伊達家的主城梁川城（今・福島縣伊達市）那裡請求借兵平亂。

作為曾經的「封疆大吏」，大崎家最終弄得要向地位低於自己的伊達家借兵平亂，象徵著大崎家的統治已經出現極大的危機。同時，義兼向伊達家借兵一事也代表著奧羽中南部的權力平衡已經生變，伊達家實際上正一步步的爬升到奧羽中部的新星，傲視群雄。

嘗言道「谷底反彈」，然而上述的大崎家內亂卻仍然不是大崎家的「谷底」，打擊陸續出現。義兼成功向伊達家借兵平亂，暫時平息了家臣間的爭執。然而，這也等同向世人展現伊達家的強大，促使家臣以及服屬自己旗下的領主考慮要不要擇良木而棲。結果上，就是為伊達家的勢力之手伸向大崎家控制的名生、加美地區製造了良機。

即便隱患已成，但是大崎家的「探題」名牌在當時仍然擲地有聲，還不至於一下子就完全破產，但在位四十餘年，勉強保住家業的義兼在享祿二年（一五二九）病死後，長子高兼等不到接掌當家之位後繼承衣缽，在亡父死去一年後也追隨而去，大崎家由高兼的弟弟義直臨危受命，接任當家之位。

可是，義直繼位之後與家臣、一族相處的不太順利，在位的第五年，即天文三年（一五三四）爆發了新一次更大規模的內亂，而且這次大亂使重臣、一族分裂成兩派，互相攻擊，義直不幸地再次步上父親的後塵，無法平息爭執。無計可施之下，義直學習父親的方法，再次向鄰居伊達家求助。那時候的伊達家在伊達稙宗的帶領下積極推動發展，已經將居地由上述偏處山區的梁川，搬到新的根據地—西山城（今・福島縣桑折町）。西山城靠近貫通奧州南北的奧大道，適合稙宗向外擴展進出周邊地區。

現在探題大崎家再次內亂，探題本人又來到伊達家求助，正合稙宗的心意。稙宗很快便出兵幫助義直回歸名生城，掃平再次鬧事的家臣，恢復了義直的統治秩序。

不過，稙宗協助平亂後，表面上看來是伊達家從協助關係友好的大崎家平亂，穩住了探題家的名譽，但實際上則是伊達家的影響力進一步覆蓋大崎家，剛好肇事的主人公義直時值壯年，卻未有子嗣，於是一些頭腦清晰的大崎家臣向義直及植宗提議，讓義直收養植宗的小兒子義宣為養子，作為兩家共患難的象徵。

這個提議對於野心勃勃的伊達植宗來說，當然是求之不得的結果，對於大崎義直而言，雖然心有不滿，但當前的情勢下也只好權宜行事，日後再見機行事。

大崎家五十年內，兩度請求地位低於自家的伊達家出手協助平亂，不但打擊了大崎家的自尊以及內部團結，間接成就了伊達家繼續獲得政治資本，另一方面也動搖了周圍原本以大崎家馬首是瞻的鄰近領主們。

（一）葛西家　大崎家北鄰的葛西家以登米郡寺池城（今·宮城縣登米市）為根據地，先祖葛西清重因為在文治五年（一一八九）的奧州之戰中奮力協助鎌倉幕府將軍源賴朝消滅平泉藤原家，獲源賴朝賜予「五郡二保」之地（膽澤郡、磐井郡、江刺郡、氣仙郡、牡鹿郡、黃海保、興田保＝今·宮城縣登米市、江刺市、氣仙沼市、岩手縣一關市一帶）。因此，早在大崎家來到陸奧之前，葛西家早已在陸奧中部繁衍生息。

大崎家入主陸奧中部之後，葛西家遵從室野幕府的指令，視大崎家為上司，與大崎家保持良好的關係，前面提到的「富澤之亂」中，葛西家也是仰賴大崎家的力量擺平亂事，可見兩家的親密關係。

不過，當大崎家後來自身難保，要靠伊達家幫忙之後，伊達家的影響力也逐漸拉遠了葛西家與大崎家之間的距離。長享二年（一四八八）在大崎義兼出逃伊達家的時候，一樣受到內亂困擾的葛西家也向伊達家靠攏，更從伊達家那裡收養了養子做當家。

後來兩代之後，葛西家再次沒有子嗣，於是接受了從當時在位的伊達稙宗討要兒子過繼做當家。大崎家勢力低下之中，原本的友好鄰邦葛西家也抵受不了逐漸強大的伊達家，與大崎家一樣，一步一步的成為伊達家這個新巨星底下的一個配角。

（二）留守家 跟葛西家一樣，大崎家南鄰的留守家也是先受大崎家影響，後來又因為大崎家衰弱而轉投伊達家。

留守家的先祖伊澤家景在源賴朝消滅平泉藤原家後，獲任命為留守奧州的看管職，家名也由「伊澤」改為「留守」，以宮城郡高森城（今．宮城縣仙台市）為居城。大崎家入主之後，留守家跟葛西家一樣，視大崎家為自己的頂頭上司，一直跟隨著大崎家。當大崎家有難，獲伊達家幫忙的時候，還沒有向伊達家靠邊，卻反過來時刻警戒伊達家的力量滲透過來，視伊達家為影響大崎家權威的威脅。

如此忠誠擁護大崎家的留守家不久之後也被迫向現實低頭。文明年間（一四六九至一四八七）左右，留守家與南鄰的國分家鬧出邊境分界的矛盾，為了增加勝算，留守家當然向大崎家尋求協助，還主動收養大崎家的一族子弟做養子，希望大崎家積極幫助，可是當時的大崎家屢遭內亂打擊，根本無法強力支援，只能用外交手段，試圖解決兩方的矛盾，做為回應留守家期待的行動。

可是，留守家希望的不是調解，而是全面的勝利，大崎家消極的行動讓留守家的親大崎派顏面盡失，與此同時，另一邊重視伊達家崛起的親伊達派乘機得勢，引導留守家放棄對大崎家的幻想，全面改投伊達家的旗下，更將從大崎家收養過來的養子趕回大崎家。

留守家內的親大崎派為免自己從此沒落，不久後，留守家的當家留守持家後繼無人的危機，結果演變成伊達派跟大崎家各推人選爭位的局面。最終，伊達派在伊達家強力支持下再下一城，一口氣壓制了大崎派的反撲，更成功迎接伊達家的子弟過繼到來做主君。自此，留守家便一改親大崎的方針，完全成為了積極配合伊達家行動的領主。

以上可見，大崎家的衰落已經大大地削弱了自家的權勢及威望，地緣政治的發展也越來越對大崎家不利，不過，這不代表大崎家內親伊達派便成了主流派，上述伊達稙宗之子義宣做世子的提議卻引起了大崎家內不少家臣的強烈反對，尤其是不少家臣並不希望伊達家進一步在大崎家增強影響力，既傷害探題大崎家的顏面，收養伊達家的孩子進來當世子，意味著正想找機會從積弱的大崎家獨立出來的分家、家臣將受打擊。

諷刺的是，不久後義直便喜獲麟兒，即後來的大崎義隆。可以想像，義隆的出生對於大崎家內反伊達的勢力而言，簡單就是上天賜予的好機會，他們在七年後，待義隆順利長大後便推動義直廢掉養世子義宣的地位，改由更合適的義隆重歸世子之位。

世子問題一出，眼看大崎家又裂走向內亂的邊緣，不過，這次伊達稙宗卻沒辦法出手幫忙，因為伊達家當時也陷入內亂之中，自身難保。大崎家一方面被捲進伊達家的內亂，一方面卻意外地找到了團結內部的契機。

話說回來，究竟為什麼無名無份，又不是出身名門望族的伊達家能夠在當時強勢主導該地區的政局，甚至到處幫助領主平亂、成為眾家的救星呢？

亂中贏家

伊達家原本是發祥於常陸國（今・茨城縣）的領主，跟葛西家及留守家一樣，因為協助源賴朝討滅平泉藤原家有功，於是獲賜陸奧國伊達郡（今・福島縣伊達市），更以當地為氏名。南北朝時代伊達家一度隸屬於南朝，後來歸順北朝之後，獲得室町幕府的重用，勢力也開始壯大起來。

伊達家到達伊達郡後，經過一段時間的發展，利用結盟的方式，跟周邊的領主建立了攻守同盟的關係，另外又利用軍事力量慢慢擴張到旁邊的出羽國置賜郡（今・山形縣米澤市、南陽市一帶），再在後來擴大到信夫郡（今・福島縣福島市）、名取郡（今・宮城縣名取市）一帶，成為了陸奧南部一顆閃爍的新勢力。

伊達家之所以能夠在南部發展起來，除了因為上述的反抗鎌倉公方，獲幕府大力支持，從而取得大義名分，吸引周邊領主加盟外，對鎌倉公方發起反抗的當家伊達政宗（獨眼龍伊達政宗的祖先）的妻子其實是第三代將軍足利義滿的小姨媽，換句話說，這位伊達政宗即是足利義滿的姨丈，獲幕府力保也就不作多怪了（圖1-21　伊達家系）。

在政治及親族關係上都與幕府有親密聯繫之下，伊達家儼如獲得了「尚方寶劍」，擴張勢力上更是順風順水。相比在同時間開始衰落的探題大崎家，奮力對抗強大的鎌倉公方府達九年之久的實績，以及獲幕府重視下，伊達家逐漸躍升為陸奧中部的代表勢力，與名大於實的大崎家幾有分庭抗禮之勢。

然而，只靠一代的血緣關係，難以一直跟幕府保持親密，於是伊達家在當時幾乎代代當家都會上京「述職」，向幕府將軍及要員廣施好禮。當然，錢不是白花，禮也不會白送，伊達家上京除了送禮，刷存在感外，還是要跟當時的幕府要員，如管領細川家保持有效的聯絡，確保自己能準確、及時知道幕府的動向。

正所謂「有錢使得鬼推磨」，在這種遠程外交之下，幕府對伊達家的重視便有增無減，伊達家的當家更從此獲得將軍賜名諱，做為彰顯自家深受榮寵及重視的象徵，這個傳統一直維持到戰國末期的伊達政宗（獨眼龍）的時代才結束。

圖1-21 伊達家系

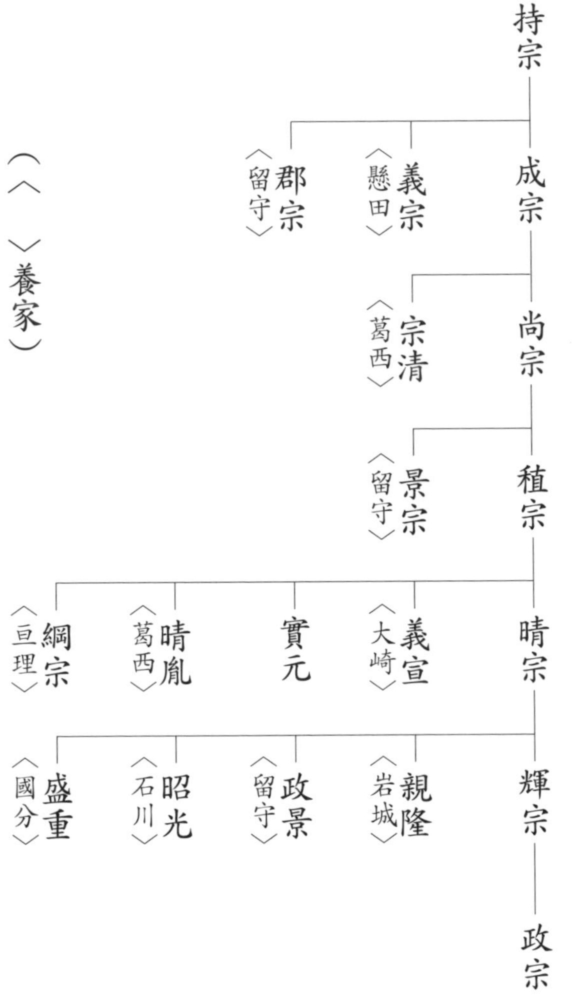
持宗
成宗
義宗〈懸田〉
郡宗〈留守〉
尚宗
宗清〈葛西〉
稙宗
景宗〈留守〉
晴宗
義宣〈大崎〉
實元
晴胤〈葛西〉
綱宗〈亘理〉
輝宗
親隆〈岩城〉
政景〈留守〉
昭光〈石川〉
盛重〈國分〉
政宗
（〈 〉養家）

除了外交牌打得出色有力之外，伊達家另一個做得較為成功的部分便是沒有出現如大崎家、葛西家和留守家那樣的一族內訌，除了一兩次經過不明，但規模較小的內部矛盾外，伊達家的當家基本上維持著強勢姿態，比起其他的家族需要與分家支族血戰連場來確保宗家地位的慘痛經驗，伊達家治家有術免去了這些陣痛，才得以趁其他領主陷入內亂之際，強勢出兵支援，換取名望及權威，一次又一次地為伊達家增強了地區內的發言權及存在感提供機會，結果上伊達家逐漸成為了周邊領主的救生圈，以及不可無視的存在。

到了十五世紀末期，即伊達家第十三代當家伊達成宗的時代，伊達家對幕府的捐獻更是讓自命不凡的京畿權貴驚嘆。成宗於文明十五年（一四八三）上京時帶上的禮物清單，有閃閃發光的砂金三百八十兩，近六萬枚銅錢，還有九十五匹奧州駿馬以及二十三把名匠打造的名刀。伊達家的「寶物外交」再次成功地讓幕府對這個奧州的名門印象深刻，成宗的戰略在後來為子孫帶來了不少的方便，這次上京的政治表演足以顯現那時候的伊達家已經由一個奧州中南部的新興勢力，慢慢進化成在當地有舉足輕重地位的強權。

成宗的努力到了嫡孫伊達稙宗的時代開花結果。稙宗在永正十四年（一五一七）成功向幕府爭取到拜任「左京大夫」的官位。那個時代的官位雖然只是徒具虛名的榮譽，但按照官位的位階高低，象徵的榮譽也當然有所不同。這個「左京大夫」向來在奧羽地區裡，只有探題大崎家及出羽的最上家有資格申請，伊達稙宗能夠獲得破格的待遇，除了因為當時幕府已經受到多次內亂的打擊下權威失墜，急需尋求有能力的新興勢力來支持自己，換句話說，稙宗時代的伊達家在幕府看來，已經是不可多得的新勢力之一了。

不過，得到「左京大夫」只是伊達稙宗榮耀的開始，不久後，稙宗進一步要求幕府為自己新設一個名為「陸奧國守護」的職位，再頒發給他自己。奧羽地區與其他地區不同，從來不設置「守護」，只有上述的奧州（陸奧）、羽州（出羽）探題作為最高的職位，而且只能由足利家族的支族（大崎、最上）來擔任，伊達家非親非故，更不是足利一門，自然沒有這個資格。不過，年輕又野心勃勃的伊達稙宗靈機一動，想到了讓幕府另外一個專門為伊達家量身訂造的「陸奧國守護」，在意義上其實已經等同於「奧州探題」了，這樣一來稙宗既可滿足自己心裡想與探題大崎家分庭抗禮之心，又通情達理地讓又想要好處，又要死守原則的幕府有台階可以下。

急需伊達家在內的各路英雄接濟的室町幕府深明稙宗的好意，立即爽快地做出回應，正式開設這個前無古人，只有伊達家獨享的「陸奧國守護」，伊達家的榮譽到達了一個新的高度。

雖然說白了就是一種賣官鬻爵的勾當，但在當時的社會卻是在陽光底下的正常買賣，而且伊達家多年花費的錢財玉帛也沒有浪費，獲得了「左京大夫」和「陸奧國守護」的虛銜後，早想有一番作為的稙宗立即展開了新的行動。

前面提到了伊達家利用自己的政治優勢，為周邊的領主排難解憂，屬於被動之舉。現在這位「左京大夫」兼「陸奧國守護」一改祖宗的作風，決定反客為主，介入領主的內亂之中。除了前面提到的介入探題大崎家內亂，幫助被迫逃亡的大崎義直回歸本城外，稙宗的武功更是遍佈陸奧南部的內內外外。

首先是永正十年（一五一三），伊達家西鄰的越後國裡，守護上杉定實與守護代長尾為景因為權力鬥爭而陷入對立，雙方都派人向稙宗要求提供協助。由於定實與稙宗有姻親關係，幫助定實自然是理所當然的，於是稙宗立即動員手下家臣，以及從屬伊達家的領主一起出擊，獲得了初步的成功，但不久後便成為了一個大問題，後面再談。

出兵越後國算是因為親情姻誼的關係，性質有點不同，但稙宗積極動手，打服了周邊的領主卻是不爭的事實。例如永正十一年（一五一四）、永正十七年（一五二〇）以及大永元年（一五二一）三次攻打西北方的羽州探題最上家，七年後的大永八年（一五二八）又介入葛西家的內亂，再在天文元年（一五三二）打南鄰．田村郡（今．福島縣三春町）的田村家，天文五年（一五三六）再跟友好的蘆名家、二階堂家及石川家一起攻打岩城家和白川家。

不過，值得留意的是，這二十年內稙宗三番四次對外用兵，其實完全不是為了擴疆佔地，那為的是什麼呢？簡單來說便是讓各家領主重新認識伊達家的實力，不軟不硬的讓他們集結、服屬到伊達家這個新集團之下。要達到這個目的，稙宗想到的不是野蠻地鯨吞對方領地，自肥弱敵，而是像當年對葛西家和留守家一樣，利用婚姻、養子外交，迫使各家領主與伊達家締結關係，大家在伊達家主導的「大家庭」裡「共存共榮」，不分你我他，都是一家人。

稙宗的「南奧羽結親聯誼」計劃軟硬兼施，確實取得了十分大的成功。例如稙宗三次攻打羽州探題最上家後，迫使最上義定迎娶了自己的妹妹為妻，介入葛西家無子問題以及大崎家的內亂後，先後將自己的兒子送到兩家當養子兼繼承人。至於跟岩城家與白川家的對戰則更是誇張，事緣當時稙宗跟岩城家談好了婚約，讓自己的長子晴宗迎娶岩城家的閨女久保姬為妻，誰知岩城家突然反悔，打算改為送久保姬到白川家當媳婦。這個舉動使稙宗大為發火，於是與這兩家大打一場，用較為強硬的方式讓岩城家履行承諾。

當然，伊達稙宗也不是次次都「比武」招親的，主要還是以和平的方式跟其他的領主談婚論嫁，或者找養父母的。除了上述的各家外，伊達稙宗為自己的十四位子女跟奧州南部的各大名門都巴結上關係，如相馬家、二階堂家、田村家、懸田家等。

雖然在當時的奧羽地區，領主間結盟、互婚、結親已經是家常便飯，但像稙宗那樣一口氣結成了這種縱橫各家各門的姻親、養親關係的，實在是史無前例。伊達家因此成為了連結各家關係的核心，也因為這種關係，稙宗做為擁抱各家的共同「親家」，自然有必要去維持大家庭的和諧。

在稙宗大搞「結親聯誼」計劃後，真正的目的便浮上水面了。稙宗利用這種方便，自己化身和平大使，堂而皇之地繼續介入各家之間的紛爭，結果上便是增強了伊達家的影響力，又不會落得被人指責窮兵黷武，巧取豪奪的罵名（圖1-22 伊達諸家關係圖）。

稙宗除了是個外交能手外，也是一個內政家。在他任內還有以下重要的內政措施，第一是整頓了伊達家的收稅體制，指定家臣為專門負責的官僚。另外又下令編製領內的稅帳《棟役日記》及《段錢台帳》（注：「棟役」為一種土地稅，「段錢」則是一種田租），清楚定明了稅額作為收稅的依據。收稅體制的制度化使伊達家有穩定收入的一個重要關鍵。另外，稙宗還頒布了奧羽地區唯一，且是戰國時代最長最多條規的領國法──《塵芥集》。

例如，一百四十七條的規定裡既有刑事處罰規定，也有各式各樣的民事規則，但中心思想上仍然以要求領國內的百姓服從領主統治為主軸，象徵了伊達稙宗的統治精神。

回到伊達稙宗的政治方面，大搞「一家親」政治雖然一開始取得了空前的成功，但它的反作用力也慢慢顯現出來。稙宗這種只求大家服屬到伊達家這個大家庭，前提是伊達家必須一直保持穩定及強大才行。偏偏就在這個時候，稙宗腳下卻出現了一個空前的危機，使這個絕對前提無法維持下去。

圖1-22 伊達諸家關係圖

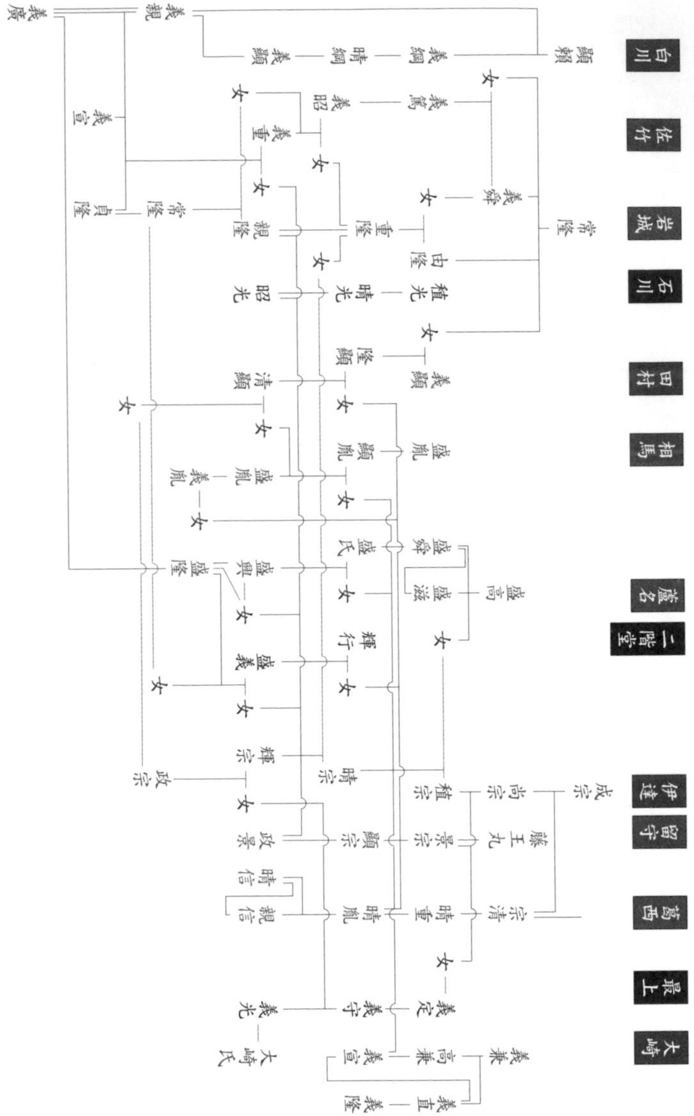

南北皆亂

南奥三分

進入本段主題—伊達家空前未有的危機前，有必要先交代同時期其他奧羽領主的動向。這一小節裡，先來看看伊達家以南的有力領主的發展。陸奧南部在地理概念上分為「海道」、「仙道」及「會津」三個部分。

「海道」就是指沿臨太平洋的海岸地區（今．福島縣磐城市、相馬市、南相馬市、宮城縣亘理郡一帶），「仙道」則指內陸中央部阿武隈川大帶，貫通南、北奧州的交通要道「奧大道」的區域（今．福島縣福島市至白川市一帶）；而「會津」則是磐梯山以南、豬苗代湖以西的會津盤地（今．福島縣會津若松市、豬苗代町、喜多方市一帶）。接著先來看看「仙道」的代表勢力白川家的情況。

「仙道」白川家　前段提到室町幕府與鎌倉公方府的鬥爭將奧羽領主都捲入其中，期間爆發了伊達家與大崎家為首的反鎌倉公方府領主起兵對抗來到陸奧南部的稻村公方與篠川公方的事件。與伊達家和大崎家相反，位於關東及陸奥邊界的白川家選擇了積極配合鎌倉公方府的方針，而且利用自身數百年來盤據在白川莊地區（今・福島縣白河市）的影響力及江湖地位，為鎌倉公方嘗試統治奥、羽兩國貢獻良多。

可是，當鎌倉公方統治奥、羽兩國的計劃失敗後，白川家便調整方針，跟伊達家一樣，積極地與幕府保持聯繫及合作，獲幕府認可成為陸奥南端的旗手，負責統率附近的領主，為幕府牽制鎌倉公方，以及後來的古河公方。換言之，十五世紀末的陸奥國中部有伊達家，南部則有白川家作為代表。

利用幕府積極扶持的政治優勢，白川家在陸奥南部地區的發展勢頭越來越強，將北面的二階堂家（今・福島縣須賀川市）、東面的石川家（今・福島縣石川町）壓在自己的腳下，後來白川家的影響力更覆蓋了西邊的會津盆地以及東南的常陸國西北部，勢力之大，發展力之強韌不亞於中部的伊達家。

不過，一如前述，當時的奥羽領主除了伊達家外，大多都受到內亂的困擾，白川家也難逃這個厄運。永正七年（一五一〇），白川家跟庶出的白川小峰家發生了一場史稱「永正之亂」的家族內訌，將白川家長年努力積蓄下來的政治資本陸續敗光，家運的衰落已經難以逆轉。

白川家的永正之亂有兩重的原因，其一的原因是由於當時南方的關東古河公方足利政氏及足利高基父子之爭，引發了立場不同的白川家與白川小峰家對立起來，而更根本的原因則是這兩家的力量對抗問題。雖然兩家份屬同族，但在當時已經是實力旗鼓相當的兩個勢力，最終因為南方的古河公方父子的政治鬥爭，立場不同之下，終於也將這個潛在的問題一併爆發出來。

結果，小峰家聯合了東鄰的岩城家打敗了白川家，最終獲得了勝利，更兼併了白川家，實現了兩家合一的結果。不過，新生的小峰白川家卻恢復不了昔日主家的風采，原本從屬白川家的鄰近領主蘆名家也在永正之亂後脫離小峰白川家的旗下，走上完全自立的道路。此消彼長之下，小峰白川家之後受到東南方的常陸佐竹家日益強大的影響，陷入了遭受霸凌的歲月。

「海道」岩城家 協助小峰白川家坐正的岩城家是長年紮根在岩崎郡及岩城郡（今・福島縣岩城市）的領主。跟白川家一樣，岩城家所在的岩崎郡及岩城郡因為地理位置的關係，一直受到了南鄰的關東地區政局的影響。

如同白川家與小峰家一樣，同地區在室町時代時岩崎家也發生過宗庶之爭，後來一族出身的岩城親忠在寬正年間（一四六〇至六六）取代了岩崎家成為了兩郡的主宰。當時白川家依然在區內穩有影響力及權勢，對岩城家的發言權也十分大。不過，到了岩城隆忠之子・岩城親隆的時代，即文明年間（一四七〇以後）左右，岩城家開始走向自強，婉謝了白川家的干預，改為與白川家結成「兄弟之盟」，不分上下。

另外，親隆時代的另外兩個重要的舉動便是安定北邊邊境，以及將關心重點放在南方的佐竹家以及其所在的常陸國北部上。從前的岩城家（包括前身的岩崎家）一直跟北鄰的標葉家及楢葉家有邊境衝突，後來到了文明六年（一四七四），岩城親隆消滅了接壤的楢葉家後，與差不多時間攻滅更北的標葉家的相馬家已經各取所需，於是兩家建立了不戰盟約。

北邊的邊境已經安定之後，岩城家便將精力放在南鄰的佐竹家身上。延德二年（一四九〇），岩城常隆（親隆之子）的女婿，即當時的佐竹家當家．佐竹義舜受到庶家山入家作亂的困擾，一度淪落到被趕出主城太田城（今．茨城縣常陸太田市）的慘狀（詳見第二部第二章第二節）。佐竹義舜如此潦倒的慘象讓北邊的岩城常隆不能充耳不聞，立即出手介入佐竹家的內亂，結果順利地幫義舜回歸。

介入佐竹家的內亂後，岩城家增強了不少信心，隨即積極地在周邊地區的政治問題上展現存在感。上面提到的永正年間的古河公方父子（政氏 vs. 高基）對立問題上，岩城家與前段的小峰白川家、女婿佐竹義舜一起支持足利政氏，與支持高基的下野宇都宮家和結城家對決。

也因為這個因緣，岩城常隆在前段提到的白川家「永正之亂」裡，堅實地支持小峰家，間接協助小峰家取得最終勝利。事後白川家走向中衰，岩城家便順理成章的取代小峰白川家，在區內最具影響力的新興小霸。雖然如此，岩城家仍然與友好的小峰白川家以及佐竹家一起在關東東北部以及陸奧南端的區域內形成了一個小型的「三國同盟」。

到了岩城常隆之子重隆（明徹）的時代，岩城家在上述的三國同盟上，更與同時間崛起的伊達稙宗建立邦交關係。同時代的岩城家的主要敵人便是後述的相馬家以及田村郡的田村家。重隆為了牽制這兩家，便想到了跟伊達稙宗合作，建立更緊密的姻親關係，讓女兒久保姬嫁給稙宗長子・伊達晴宗。

不過，岩城常隆因為一度打算反悔，被伊達稙宗打敗，最終還是被迫要履行當初的承諾。即使如此，在伊達家「求結親，不求割地」的原則下，岩城常隆除了女兒外損失甚少，也沒有失去了與伊達稙宗的關係。不過，後來伊達家出現危機時，作為姻親的岩城家自然也逃不了被捲進去的結果。更重要的是，岩城家決定與北方的伊達家和南方的佐竹家先後結成姻親，在後來將大大地左右了岩城家的家運發展。

「海道」相馬家 另外一個海道地區較為重要的家族是相馬家。相馬家原本是下總國（今・千葉縣北部、茨城縣南部）出身的領主，後來在南北朝時期轉移到海道的行方郡（今・福島縣南相馬市）後，一開始向北邊的宇多郡（今・福島縣相馬市）擴展，與西南的白川家出現爭執；後來則向南方的標葉郡、楢葉郡（今・福島縣雙葉郡）推進，最終與南方的岩城家南北瓜分了兩郡，並且訂立了不戰協定。

當時，相馬家當家之中，動向較為鮮明可循的，首先是相馬高胤。高胤的治世長達四十多年，是相馬家歷史上在任較長的當家。雖然如此，在他的治世裡充滿了不少的問題與挑戰，先是領內的服屬領主反抗，以及在併吞南方標葉郡的戰爭上遲遲沒法得到勝利。另外，北方宇多郡的擴張上，也跟當時陸奧南部最強的白川家對敵。

不過，看似最難處理的後者卻是最先順利地解決的部分。文明二年（一四七〇），即白川家與岩城家分道揚鑣的時期，相馬高胤看準機會，透過夾在兩家中間的田村家，主動向白川家提出了讓步，解決宇多郡領有的問題，換取跟當時最強大的鄰居結盟的機會。北方的宇多郡問題順利解決後，接下來就是集中精力向南方的標葉郡擴張。

相馬家與標葉家的對戰一直持續了兩代，到了高胤的兒子相馬盛胤（大膳大夫）的時代才完結。具體經過有很多不明之處，總之結果上，盛胤通過誘使標葉家的部分家臣倒戈，在明應元年（一四九二）打敗了標葉家，更將他們吸納成為自己的家臣，稱為「六旗」「七人眾」。併吞了標葉家的領地，實力增強後，相馬家仍然保持與白川家的關係，又跟岩城家保持和平，使相馬家從原本只是海邊小郡的一介領主，慢慢成長為「海道」北端的一個中等勢力。

大永元年（一五二一）七月，完成亡父遺願的相馬盛胤治理相馬家三十年後病逝，由長子相馬顯胤接任當家之位。顯胤首個重要的政治舉動，便是跟西北邊鄰居伊達家結成姻親。就在父親盛胤死去的同一年左右，顯胤迎娶了伊達稙宗之女為妻，成為了伊達家的東床快婿。這個關係到了不久後發生伊達家內亂發揮了重要的作用，也諷刺地使相馬家與伊達家在後來成為了數百年的世仇。

「會津」蘆名家 會津盤地的代表勢力蘆名家早在鎌倉時代已在當地紮根，而且很早階段便使盆地南方的南山、伊北（今・福島縣南會津郡、大沼郡）的領地歸順到自己旗下，在廣大而封閉的會津盆地自成一國。不過，隨著時代發展，蘆名家繁衍出各個支族，相互之間的血緣關係日漸稀疏後，互相對立、攻戰的惡果便在盆地內上演。

嚴重內亂發生在十五世紀中葉的寶德至享德年間（一四四九至一四五五），詳細不明，但一般被認為是屬下的領主家臣爆發權力鬥爭，盟主蘆名家被迫捲入其中，自此之後蘆名家以及所在的會津盆地便一直斷斷續續地受到大大小小的內亂影響，阻礙了發展。而且，身為盟主的蘆名家一直無法平亂，只能借助盤地東端的強豪・白川家出手介入，才勉強把亂事壓了下去。結果，積弱的蘆名家當然就成為了白川家旗下的勢力，接受白川家的「指導」。

不過，這種關係到了亂事平息後不久，君臨會津盆地的蘆名家不願再受外地的白川家左右，尋求自立之道。時間是緊接著亂後的長祿・寬正年間（一四五七至一四六六），當時的蘆名家當家・蘆名盛詮因為不滿白川家支援反抗蘆名家的領主山內家，結果恩人隨即變成了戰爭的對手。

最終，反叛的山內家還是被蘆名盛詮打敗，支援山內家作亂的白川家立場頓時變得異常尷尬，兩者的關係也因此逐漸被扭轉。到了寬正年間（一四六一至一四六六），蘆名盛詮終於向白川家攤牌，改為跟白川家締結平等對待的盟友關係，蘆名家委靡不振的時代已經成為了過去。

到了明應九年（一五〇〇）及永正二年（一五〇五），蘆名家先後再次爆發了兩次內亂，前者依舊是家臣松本家及一族的豬苗代家作亂，後者則是當家蘆名盛高（盛詮之子）與兒子盛滋之間的父子之爭。然而，蘆名家這兩次的內亂裡，都沒有再向外界尋求協助，前者在短時間內已被平息，後者雖然較為嚴重，也驚動「降格」為盟友的白川家出面斡旋，但已經不是當年可以在蘆名家頭上指點風雲的光景了。蘆名父子之爭在永正二年也順利被解決，蘆名家在會津盆地的統治已經相對安定，並且開始向盆地外的仙道地區擴張，實力已經與同時間陷入內亂的白川家不相伯仲，甚至青出於藍。

到了蘆名盛舜（盛高次子，盛滋之弟）的時代，盛舜在永正十八年（一五二〇）平定了一直反覆作亂的松本家，大幅削弱了其力量後，終於可以全力進出仙道地區。當時仙道地區裡，已經有原本的代表勢力白川家和上述的岩城家滲透勢力。

盛舜為了為了增加勝算，借助了兩個重要盟友的幫助，其一是陸奧中部的伊達家。早在蘆名盛高的時代，已經與伊達家早有盟約，盛舜的妹妹便是伊達稙宗的正室，後來稙宗與盛舜的妹妹所生的女兒又嫁給了盛舜的兒子・蘆名盛氏為妻，可見蘆名家與伊達家的交情已經非常親密。有了伊達家這個牢不可破的外交盟友，蘆名盛舜便借助稙宗的外交戰略，協助伊達家在仙道的擴張，自己也因此得到顯現存在感的機會。

除了伊達家外，盛舜又讓自己的女兒嫁給海道地區的相馬盛胤，與同樣在成長中的相馬家結成姻親。這樣一來，蘆名家自西陲的會津東出仙道，北有伊達家，遠東有相馬家幫助，加上會津內部已經沒有後顧之憂，蘆名家大可安心地向仙道擴張，成為仙道爭霸的一匹黑馬。

可是，跟上述的大崎、葛西、留守、岩城、相馬諸家一樣，借助伊達家進出仙道，得到了政治資本的反面，在姻親關係之下，伊達家的一舉一動也因此影響到蘆名家的動向，跟其他與伊達家有姻盟關係的領主的關係也很有可能變得反覆。這個使人不安的隱憂在天文十一年（一五四二）六月終於成真。

親戚大戰

前段提到，稙宗利用幕府破格的恩惠，以及伊達家長年積聚的軟硬實力，順利在奧州南部建起了廣大的婚姻同盟，拉近了與南部領主們的關係，伊達家也因此成為了地緣政治的中心點。

稙宗的戰略順風順水，於是在天文初年，稙宗將居城由山裡的梁川城轉到位於靠近「仙道」的桑折郡西山城。西山城所在的桑折郡在貫通南北的「奧大道」旁，又與進入會津盆地的入口十分近，與最大的盟友蘆名家可以保持聯繫之餘，地理位置有利伊達家在仙道繼續擴大影響力。而且，西山城的佔地比舊地梁川城更大，更適合伊達家發展圖霸。

完成為未來的基本佈局後，已經老邁的的稙宗便在天文六年（一五三七）左右先將當家之位讓給了長子晴宗，自己退居二線，輔助晴宗順利接班，同時卸下當家之任後，稙宗便可有更多時間專心繼續他的外交戰略。

不過，這位在外運籌帷幄的老手卻想不到自己會在接班後便遭遇挫敗。在稙宗退休後的第五個年頭，即天文十一年（一五四二）六月，晴宗突然勒令軟禁稙宗在西山城內，但由於稙宗依然在伊達家內擁有影響力，被軟禁後，忠於稙宗的家臣火速前去營救，更成功將稙宗救出，逃離西山城。

稙宗逃脫意味著晴宗的突襲式政變失敗，緊接而來的就是父子之間的對戰，而且如本章一直回顧所示，稙宗大舉佈下婚姻、養親關係的結果下，父子對決牽一髮動全身，幾乎所有與伊達家有關係的領主都被捲進去，在稙宗陣營跟晴宗陣營之間作出選擇，這場牽連甚廣，堪稱奧羽地區史上最大型的地區內亂，史稱「伊達天文之亂」。

事件的最直接原因是指稙宗在晚年寵愛自己其中一個女婿懸田俊宗，更打算將在自己老後，將一些私領留給女婿，變相是讓懸田家的勢力大增，同樣影響到新誕生的晴宗政權的安定。後述將會提到，懸田俊宗在亂中一直跟另一個稙宗女婿・相馬顯胤為稙宗奮勇作戰，事後也被晴宗窮追猛打，直至迫使懸田家滅亡為止，可見，晴宗與俊宗之間的矛盾之大，已是非比尋常。

無論如何，兩父子的對立已成，「天文之亂」已經一觸即發，接下來看看戰亂的發展經過。「天文之亂」大概可分為兩個時期，前半期的戰況裡，稙宗陣營佔有較大的優勢，主要是因為各家的領主如蘆名、相馬、懸田等大多是稙宗的女婿或姻親，而大崎、葛西兩家的世子則是稙宗的親兒子，自然會偏向稙宗，批評晴宗的「不孝」行為。

不過，晴宗陣營也不是毫無支援的。首先，岳父岩城重隆便是堅定支持女婿，私底下也希望女婿贏得勝利後，使岩城家對伊達家有更大的影響力。跟重隆一樣想法的還有大崎義直，雖然當年受稙宗幫助而重歸居城，但被迫收養稙宗的兒子（義宣）作為報答，絕非義直所願，而且也傷害了名門大崎家的自尊。因此，義直在亂事爆發之後，很快便支持晴宗，希望事成後換取大崎家脫離伊達家影子的機會。

除了大崎及葛西外，比兩家更加受伊達家影響的留守家方面，當家留守景宗雖然是伊達稙宗的弟弟，但這次亂事中卻支持了侄兒晴宗，這大概是因為與留守家關係不好的鄰居國分家、大崎家等支持稙宗的緣故。

另外，伊達家的家臣裡，除了一直跟隨稙宗的老臣子外，大多數少壯派都屬於晴宗陣營。雖然沒有明示原因，但這間接地反映了稙宗的結親大和解戰略未能獲得支撐伊達家將來的年輕家臣支持。而且，稙宗在早年推行的收稅體制明文化、製作帳本收稅等措施在一定程度上打擊了家臣們做為領主的利益，因為伊達家按收入向他們抽用軍役，家臣們的領主權限及自由度受到一定的制肘。

而且，稙宗只求關係不求割地的外交方針也意味著伊達家的戰爭即使勝利了，從中所得的寥寥無幾，奮勇作戰的家臣更只是苦勞多，收益少，怨氣積聚也是不言而喻的。

以上可見，伊達父子的相爭背後，其實牽涉到各方家族、人士的利益及政治立場對立的問題，事件已經不再是單單的家族內訌，而是赤裸裸的利益鬥爭和政治角力。

回到戰況的發展。前半期的戰鬥由稙宗陣營首先發起，支持稙宗的大崎（義宣）、葛西兩家率先出兵攻擊晴宗陣營的留守景宗，南方的相馬顯胤、懸田俊宗等則向西山城推進，協助稙宗奪回西山城的控制權。四年後的天文十五年（一五四六）六月，晴宗終於守不住西山城，被迫提前轉移陣地到東北方的刈田郡白石城（今．宮城縣白石市），稙宗方取得了重要的勝利，可以說打敗忤逆的兒子．伊達晴宗的日子已經不遠了。

可是，就在奪回西山城的時候開始進入了後半期時，局勢卻反而對稙宗方越來越不利。當晴宗轉移到白石城的差不多時間，大崎家及葛西家為首的稙宗派領主產生了厭戰情緒，其中，大崎義直也開始制止養子義宣的行動，反伊達派的大崎家臣更出兵圍攻大崎義宣，大崎家也因此轉變為晴宗派。

另外，一直支援稙宗的蘆名盛氏（盛舜之子）、山形城（今．山形縣山形市）的最上義守也鑑於晴宗陣營的善戰，以及為日後的打算，決定轉為支持晴宗，勸稙宗跟兒子和解。

到了天文十七年（一五四八），即大亂進入第六個年頭時，領主裡只剩下相馬顯胤及懸田俊宗這兩位稙宗的女婿依然堅定地為岳父奮戰。不過，晴宗陣營的岩城重隆為了牽制相馬顯胤，於是主動向相馬家進行內部搞亂工作，誘使相馬家內亂，又出兵到相馬、岩城的邊境做佯攻，迫使顯胤將主力調回相馬領地防守，稙宗陣營的兵力越來越少下，敗勢已經不能避免，只差一個合適時機以及下台階。

就在這個時候，遠在京畿地區的幕府將軍足利義輝也得知了伊達家大亂的消息，於是立即派使者到奧州，要求父子停止立即停止戰爭。讓人玩味的是，義輝的命令書的字面上雖然譴責晴宗枉為人子，不知孝義，但實際上則是勸稙宗與兒子和解。義輝又指令參戰的蘆名、岩城、相馬等領主出面仲裁，盡快解決伊達父子的問題。

顯然，義輝的態度已十分直白，在某程意義上已經是給了稙宗一個下台階，讓他保住顏面地跟兒子重修舊好。終於，天文十七年秋天，伊達父子終於協議和解，稙宗完全退隱，搬到伊具郡丸森城（今・宮城縣丸森町）了卻餘生，而晴宗則成為了獨當一面的當家，不再受老父的左右。同時，由於伊達家原本的居城西山城所在的地區已成為了戰場，不堪繼續使用，所以晴宗決定廢棄西山城，索性將伊達家的居城定在西邊的出羽國置賜郡米澤城（今・山形縣米澤市）。

那是因為晴宗在戰爭後期又從白石城轉到米澤城做為大本營，而且米澤城稍離仙道，可以避免被仙道的領主包圍，進可攻，退下守；再加上米澤附近除了北方的山形最上家外，沒有強大的領主，有利伊達家修補戰爭後的傷痕，重新振作。

重新出發

晴宗贏得勝利後，當然要回應家臣團以及友方領主們的訴求。首先，稙宗派家臣成為戰犯，領地也被沒收，作為對家臣論功行賞的資源，功勞較大的十幾個家臣更獲得了晴宗保證新得的領地享有高度的自主權，不受伊達家的影響。這個恩典在日後將成為問題，容後再談。

雖然晴宗大幅度慰謝功臣，但這不代表晴宗便成了紙老虎，因為晴宗的賞賜上定明了「蓋印有效」，即強調了賞賜權牢牢握在晴宗的手上，而且統統記錄在案，後來制作成《晴宗公采地下賜錄》。

換句話說，這些功臣的封賞都是以主君晴宗運用權限下獲得，轉換、兼併等私相授受的行為都等同無視晴宗的主權，即背叛伊達家。因此，晴宗雖然容讓家臣得到了賞賜，甚至給予了不少特權，但其實都有留一手，保證伊達家不會從此尾大不掉。

至於外交方面，伊達家的大亂後，不論是稙宗陣營，還是晴宗陣營的領主都沒有要求伊達家割讓土地作為酬謝，這或許是當年稙宗征戰後好施仁義，不求獻地的政策所帶來的好結果。然而，伊達家也不是沒有損失的。在亂後，晴宗跟南方的會津蘆名家以及岩城家，還有北方的最上家、大崎家以及葛西家的關係繼續保持良好，但結果上他們也得到了解放，不再受到稙宗的影響，與伊達晴宗建立了更為平等的友邦關係。換句話說，稙宗一手建立的以伊達家為中心「共存共榮圈」計劃已經不復存在。

至於實質的損失方面，原本屬於伊達家管轄的宇多郡內部分領地便被稙宗陣營的死硬派相馬顯胤奪走，與相馬家之間的戰爭也從此開始一直持續，直到長孫．伊達政宗的時代才不了了之。

另外，懸田俊宗在伊達父子和平後，與相馬顯胤一起堅持抗戰到底，並且在伊達家領地東面及東南面構成重大的軍事威脅。不過，對於晴宗而言，懸田俊宗本來就是大亂的關鍵之一，懸田家堅持抗爭的態度正好給了伊達家全力打擊的口實，到了天文二十二年（一五五三），被伊達晴宗定性為大亂禍源的懸田家最終戰敗被滅，伊達天文之亂的最後最大的問題也基本上得到了解決。

戰後不久，將軍足利義輝任命伊達晴宗為奧州探題，又賜名給晴宗的次子總次郎，即後來的伊達輝宗。但要留意的是，這次任命奧州探題是沒有公告天下的，換言之，這只是屬於義輝私下的美意，不代表幕府已經褫奪了大崎家奧州探題之職。雖然是這樣虛有其表的獎勵，但義輝的舉動表示了依然重視伊達家的存在，大亂絲毫沒有影響到伊達家的地位，也沒有損耗元氣，可算是不幸中的大幸。

縱使這次大亂致使伊達稙宗的外交戰略以及內政政策在很大程度上受到破壞，一度勢如破竹的伊達家也被迫減緩發展，但後來的歷史發展證明，這一場大亂對伊達家來說只是必要的陣痛，到了後來便會守得雲開見月明。

極北爭霸

前史：蝦夷風雲

在十五世紀末開始，陸奧南部的戰亂逐漸白熱化，十多個領主慢慢成長起來，演化成合縱連橫的爭戰時，陸奧北部的情況也是不遑多讓，而且問題複雜程度也不下於陸奧南部。這個遠隔南北的兩個區域在最初當然是沒有任何接點的，但隨著時代的發展，以及兩地區內的勢力各自發展之下，陸奧南、北兩部的領主到了十六世紀初期便開始真正的「接合」起來。接下來，有必要先看看北部的情況是怎樣發展的。

當時的陸奧北部裡，有兩個勢力最大的領主，一個是控制西濱（今・青森縣深浦町）、渡島半島（今・北海道松前町）的津輕安藤家，另一個則是糠部郡（今・青森縣東部）的南部家。十五世紀中期開始，兩家便在荒涼的北方大地展開一場圍繞著本州北部與愛努人（當時稱「蝦夷」）的貿易管理權以及從中產生的巨大利潤爭奪戰。

南部家出身源氏，早在南北朝時代已經落戶到糠部郡，同地區是當時日本國內面積最大的郡，盛產的駿馬、鐵、鷹以及漁獲豐富，這些資源成為了輸往南方關東、以至京都以西的地區，所賺取的利潤是幫助南部家一路成長的重要因素。糠部郡分成三個區域，由九個「戶」（「一戶」至「九戶」）、四個「門」（東、南、西、北門）以及田名部（又稱「宇曽利鄉」，今‧下北半島）組成。「戶」原為當地牧場的意思，後來便轉化為一個區域，大小等同於其他律令國的一個郡；「門」則是原本進入糠部郡的四個入口之意，後來以這個關戶為中心，轉化為東門、南門、西門及北門四個區域。北端的田名部雖然是極寒的荒野，但是該地與後述的十三湊（今‧青森縣五所原川市）、外濱（今‧青森縣外濱町）以及西濱都是與更北的蝦夷地（北海道渡島半島，今‧北海道松前町）進行貿易互市的最前線，

南部家到達當地的時候，基本上沒有其他豪族能跟他們匹敵，因此，隨著時代的推展，南部家在廣大又封閉的糠部郡繁衍，派生出諸多的分支，各以「戶」、「門」為單位，分割統治；而原本不屬於南部家族的當地豪族分別跟他們各門各家攀附關係，形成一個鬆散的聯盟關係。

在各門各家的南部家之中，統治糠部郡中部內陸的三戶南部家雖然做為宗家，但在南部家開枝散葉之下，宗家的權威難以伸張。相反，靠近太平洋海岸的八戶南部家（今‧青森縣八戶市，以下稱「八戶家」）則比宗家三戶家更早嶄露頭角，直到室町時代為止。

另一邊的津輕安藤家則是控制陸奧北部西半部的家族，在自家的傳說裡有不同的傳

承，一說指遠祖為古代被大和朝廷打敗的蝦夷（愛努）族首領阿倍比羅夫，一說則指安藤家是第八代天皇．孝元天皇的子孫等，莫衷一是。

無論如何，安藤家早在平安時代末期已經紮根在陸奧北部，與北方的蝦夷地有著緊密的貿易、外交關係，因此被鎌倉幕府任命為「蝦夷管領」，後來安藤家則自稱家族為「日之本將軍」，「日之本」指的就是陸奧北部津輕地區的大地，因此，「日之本將軍」象徵著安藤家對陸奧北部的強烈支配意識。

跟南部家控制廣大的糠部郡不同，津輕安藤家由於上述的歷史關係，比起南部家更早在當地進行經貿活動。安藤家賴以為生的生命線，便是上述提及的十三湊。原本，十三湊是十三湖（今．青森縣五所原川市）北面的出海港口，十二世紀後期至十三世紀初，經過平泉藤原家的統治後，發展成為一個主要經營蝦夷以及本州日本海區域的貿易、轉貿的港灣城鎮。津輕安藤家便在大約十四世紀初期（一三一〇至一三二〇）左右，看準了十三湊的地利之便，決定在這裡建立自家的政經中心，使十三湊迎來了第一個發展高峰。

以上所見，南部家以及安藤家先後進駐陸奧南部後，都積極地拓展與蝦夷地的貿易關係，起初兩家位處一東一西，沒有跡象看到兩方有所接觸，到了後來的建武中興至南北朝時代（一三三四至一三五〇），受朝廷任命控制陸奧國的名將．北畠顯家將津輕地區、以及比內、鹿角兩郡（今．秋田縣大曲市、角館町、大仙市）的行政、軍事權限一括交託給了南部家，更將節制蝦夷地的權限（稱為「蝦夷沙汰」）也一併給了南部家，以換取南部家的忠誠。

顯家的決定待於無視了長久以來負責蝦夷地事務的安藤家，使安藤家深深不滿。隨著南北朝分裂，安藤家初時屬於南朝，但不久後便轉為支持室町幕府的北朝，與仍屬南朝的南部家對抗，試圖直接用實力從南部家身上奪回本屬於自家的權利。在這個時候，安藤家無視早年北畠顯家的決定，仍然以「蝦夷管領」、「日之本將軍」自居，維持本來對日本海北部以及蝦夷地的控制。

另一方面，南部家則因為政治立場問題出現了對立，宗家的三戶家一直支持北朝，與支持南朝的八戶家鬧出矛盾。不過，根據南部家的傳說，三戶家到了十四世紀後期成功說服了八戶家歸順幕府方之後，南部家兩大勢力連成一氣，對安藤家構成了重大的威脅。

八戶和三戶南部家立場一致之後，沒有立即對安藤家發動攻擊。兩家先結成了聯盟，以安定好糠部郡的政治平衡為首要任務，之後在十五世紀初開始向外擴張。兩方首次出現矛盾是在應永十八年（一四一一）。雖然詳細情況以及原因不明，簡單來說就是八戶南部家在出羽國的刈和野（今．秋田縣大仙市）以及鹿角（今．秋田市鹿角市）與津輕安藤家爆發戰亂，南部家獲得了勝利。

接著在永享四年（一四三二）十月二十一日，南部家與安藤家再次發生戰鬥，這一次的情況更為激烈，津輕安藤家被南部家趕出本州島，只能逃到蝦夷地（今．北海道松前町）避難。在戰敗前後，安藤家一直要求室町幕府出面制止南部家攻打，但南部家不聽從幕府命令，終於導致這個結果。

事隔半月後，安藤家試圖反攻，一度成功回到本州島，但十年後的嘉吉二年（一四四二）秋，安藤家再次遭到南部家攻打，又一次被迫逃回蝦夷地。不久後，安藤家的當家．安藤康季與兒子．安藤義季在文安二年（一四四五）再次回到本州島，但堅持了八年後，享德二年（一四五三）最終還是抵擋不了南部家的再攻，安藤義季在同年的大浦之戰（今．青森縣弘前市）裡戰敗滅亡。

義季的弟弟．安藤師季在戰敗後成為了南部家的戰俘，被南部家扶植為安藤家的當家，更安置師季到田名部（今．青森縣陸奥市）內安藤家原有的領地內，承認他做那裡的領主，事實上就是讓他當南部家的傀儡，斷了安藤家回歸反抗的念頭。

可是，師季不堪成為宿敵的傀儡，一直跟家臣計劃逃亡，終於在一年後的享德三年（一四五四）夏天成功坐船逃出田名部，回到蝦夷地去了。師季擺脫南部家的控制，意味著南部家控制津輕地區的計劃面臨失敗，不久後的康正三年（一四五七）春天使發生了「蠣崎藏人之亂」。

蠣崎家是安藤家旗下的領主，領地位於田名部的北端，負責安藤家與蝦夷地的愛努人的中間人。根據傳說指，蠣崎家與南鄰的八戶南部家發生邊界糾紛，結果在陸奧灣一帶發展成一場小規模的戰亂。

八戶南部家在宗家三戶家為首的南部一族共同支援下，成功打敗了蠣崎藏人，將他趕到蝦夷地，更將安藤家控制的部分田名部之地都奪取過來，安藤家的勢力終於完全被趕出了下北半島。按以上的過程來看，「蠣崎藏人之亂」顯然就是安藤師季出逃後，安藤家在津輕地區的剩餘勢力向南部家進行最後的抵抗，可惜仍然是失敗而回。

偏安西隅

雖然在津輕地區與南部家的爭鬥最終完全落敗，但安藤家好歹是數百年以來一直在蝦夷地以及津輕西北端有地盤，絕不可能就此便苟安在蝦夷地，而且南部家對安藤一族也沒有完全趕盡殺絕，針對的只是一直負隅頑抗的津輕安藤家，以求將津輕海峽以及陸奧灣的控制權牢牢的控制在手裡。因此，其他安藤一族仍然在出羽國北部保持一定的實力，只是沒法向南部家進行反攻。

師季逃到蝦夷地兩年後，康正二年（一四五六），師季突然接到了留在土崎湊的支族·湊安藤家的邀請，請求師季回到本州島，到出羽國小鹿島（今·秋田縣男鹿半島）裡安頓下來，再尋求反攻的機會（圖1-23　蝦夷地圖）。

不久後，師季總算有驚無險地按計劃來到出羽國，但礙於南部家已經控制了北鄰的津輕地區，倖存下來的師季以及各安藤一族只好暫時留在出羽國，再圖奪回故土的機會。可是，這個反擊的機會結果一等就是近一百年後的事了。

不過，雖然來到出羽國，但師季仍然努力加強對蝦夷地的支配，以防南部家一旦派兵來侵吞蝦夷地的可能。因此，師季在蝦夷地實施了所謂的「三守護體制」。即將渡島半島（蝦夷地）分為「下國」、「松前」及「上國」三個部分，再任命一族子弟及家臣擔任長官及副官；另外，師季又在「下國」、「松前」及「上國」三地分別修築十二個城館，號稱「道南十二館」，即「上國」的花澤、比石，「松前」的原口、禰保田、大館、覃部、穩內，以及「下國」的中野、茂別、箱館及志苔，這些城館除了用來防範南部家的來襲外，也是防備當地夷人的攻擊。

當時的蝦夷地已經是和人與夷人（愛努人）混居的地區，隨著日本本土的戰亂（南北朝）暫時平息，陸奧北部的津輕地區以及東邊的糠部郡為首的和人陸續在十四世紀中後期搬到蝦夷地居住，主要集居在松前（今·北海道松前町）、鵡川（今·北海道鵡川町）以及余市（今·北海道余市町）三處，但最北的活動範圍大約到達志苔（今·北海道函館市）。

相反，也有為數不少的夷人在津輕地區及糠部郡定居下來，換言之，當時在蝦夷地及

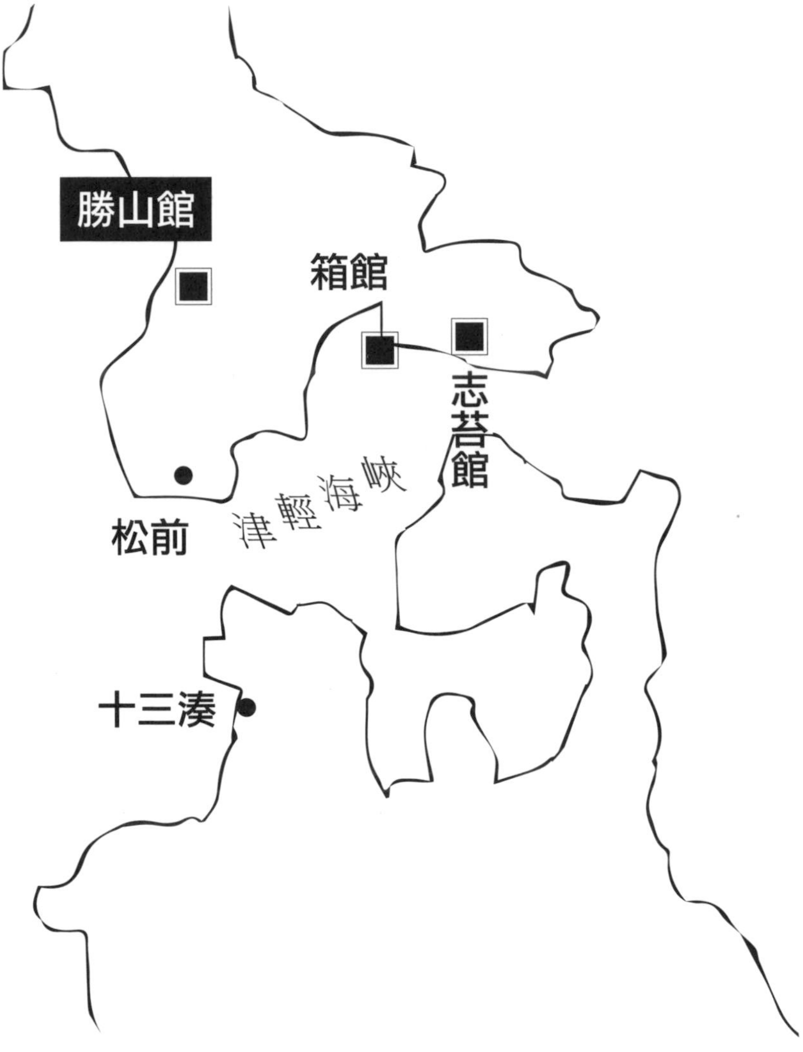

圖 1-23　蝦夷地圖

陸奧北部兩地，和、夷人混居互鄰的情況已經十分普遍，同時，兩族之間的矛盾及械鬥也時有發生，成為了安藤師季（蝦夷地）以及南部一族（糠部郡）各自要面對的問題。

就在師季回到出羽國的同一年，即康正二年（一四五六），蝦夷地的志苔館（今・北海道函館市）便爆發了一次由和人和夷人衝突而起的夷人騷亂，稱為「胡奢魔犬之亂」。「胡奢魔犬」便是當時帶領夷人起事的領袖。事件爆發後，蝦夷地的夷人群起加入騷亂，「道南十二館」除了「下國」的茂別，以及「上國」的花澤外，其餘十館全線陷落。雖然不久後，帶頭起事的胡奢魔犬進攻花澤館時戰死，騷亂也因而被平息下來，但安藤家的支配體制也因此一度陷入崩潰的邊緣。

遠在本州的師季在這期間於出羽國河北郡的檜山（今・秋田縣能代市）建起「流亡政府總部」，從此，師季的子孫便被稱為「檜山殿」或者「下國殿」（以下統稱為「下國安藤家」或「下國家」）。對於「胡奢魔犬之亂」，他當然也是束手無策，只能期待仍然堅守的家臣能夠熬過難關，幸好胡奢魔犬死後，蝦夷地的亂局也慢慢平復下來，安藤家在蝦夷地的家臣們需要用上數十年時間才慢慢奪回「道南十二館」中被夷人搶去及控制的十個城館。

時隔十年後，師季在出羽國一邊祈求神明助他收復津輕以及蝦夷地的故地，一邊也主動出擊，向津輕方面發動反攻，在文明二年（一四七〇）前後奪下了位於津輕與出羽國北部接壤邊境的藤崎館（今・青森縣藤崎町）後，繼續向津輕發動入侵，但是仍然未能成功。

十八年後的長享二年（一四八八），師季因為家臣的叛亂，被迫自殺而死，始終壯志未酬。

師季死後，長子忠季停止了父親執意進行的津輕攻略，改為全力收回蝦夷地的失地。這時候下國安藤家對蝦夷地的支配依然未能恢復到當年的狀態，而且夷人的作亂也此起彼落，未有停止的跡象。

永正九年至十年（一五一二至一三），「松前」、「下國」兩地再次發生夷人之亂，一度奪回的「道南十二館」中，志苔館、大館城等四城的城主全數戰死。幸然沒有受到騷亂影響的「上國」地區的長官蠣崎光廣及義廣父子立即出兵鎮壓，勉強將「松前」的大館城給奪回來。當時的下國家當家．安藤尋季（忠季之子）評估風險後，決定讓蠣崎父子全權負責蝦夷地的管治以及收復工作。以此為交換條件，安藤尋季要求蠣崎光廣及義廣父子從跟夷人交易的收入中，上繳一半給安藤家，做為「貢幣」，以及要為安藤家提供軍事及物資支援。

安藤家與蠣崎光廣及義廣父子的關係自此定立後，開啟了蠣崎家獨自支配蝦夷地的基礎，父子兩人便是後來於江戶時代，支配蝦夷地的松前藩的祖先。

貢馬外交

當安藤家在出羽國絞盡心思去管治蝦夷地，遭到多次難題與挫折的同一時間，宿敵南部家的情況卻較為順風順水。滅了津輕安藤家後大約三十年內，南部家的重心放在糠部郡東南方的久慈（今・岩手縣久慈市），以及西南的鹿角（今・秋田縣鹿角市）、仙北地區（今・秋田縣仙北市）進軍。

雖然具體的戰況沒有流傳下來，但在寬正六年（一四六五）的時候，南部家與仙北的有力領主小野寺家交戰，引起了室町幕府的注意，顯然南部家的戰略便是打通糠部郡向南的門戶，直接掌握進出中部奧羽的羽州街道，陸路上與糠部郡外的「世界」接軌。同時，奪下了鹿角、仙北兩地的話，也有利於進一步打擊苟安於小鹿島（今・秋田縣男鹿半島）的下國安藤家及湊安藤家。

不過，南部家與小野寺家的對戰似乎沒有取得成功，不久後南部家便暫停了對西南方的進擊，主力集中在東南方的久慈及閉伊（今・岩手縣宮古市一帶）。南部家之所以想打通仙北及鹿角兩個地區，除了上述兩個原因之外，更重要的一個因素是想積極地確保與室町幕府的聯繫，其中最關鍵的媒介便是糠部郡的貢馬。

前段提到，糠部郡盛產駿馬，郡內的「戶」本來便是由牧馬場發展出來的。在室町時代中期（一四〇〇至一四五〇），幕府向陸續歸順的奧羽領主索要當地的物產，如鷹、馬、海豹皮、金子等。隨著東國的鎌倉公方府受戰亂影響，日漸衰退下，幕府跟奧羽領主的物產交流也更加頻繁。

南部家就是靠著輸出駿馬作為獻忠，換取幕府對南部家的恩寵，如賞賜官位，以及承認南部家在陸奧北部的政治地位等。因此，前段提到在津輕地區的戰爭，除了是為了壓倒安藤家，爭奪跟蝦夷地的貿易權外，也是為了掌握通往日本海海域的航線通道；而鹿角、仙北的戰事則是為了掌握陸路南行的交通路線。

因此，南部家與小野寺家的戰爭會驚動遠在京都的幕府也便不難理解了，與南部家一樣，小野寺家也是靠貢獻物產，如鷹、馬、木材給幕府以及日本海沿岸的貿易港。如今，與南部家發生衝突之下，兩地的物產一時半刻無法順利運出，對於幕府而言當然有所不便了。

雖然已經不清楚兩家的鬥爭是如何解決的，但從之後兩地的貢馬、貢鷹繼續順利運輸來看，問題總算是解決了。順帶一提，幕府索要奧羽地區的物產時，不只是被動地等待領主們自動獻上，更會派幕臣到當地直接「採購」及甄選。

這個工作本來交由三管領（細川、斯波、畠山）之一的斯波家來負責，因為斯波家的主要領地之一的越前國三國湊（今・福井縣敦賀市）便是北日本海海貿的中樞地，斯波家利用地利之便，保持與南部、小野寺、安藤以及南出羽的大寶寺家，還有探題大崎家的聯繫，確保奧羽的物產順利經日本海，再從越前轉運到京都。

不過，享德之亂（一四五五）後，斯波家因為得罪幕府將軍而失勢，轉運、聯絡的工作便改由另一個管領細川家負責，但不影響到奧羽領主與幕府的交流。雖然南部家擴大貿易圈的戰爭遭受挫折，但透過「貢馬外交」的幫助，南部家名利雙收的目標也總算達到，為日後繼續做為陸奧北部的最強勢力奠定基礎。

回到本題，繼續看南部家在陸奧北部的發展情況。寬正六年的戰爭後，南部家的動向一度不明，大概在文明至永正初年的三十年間（一四七〇至一五〇〇），南部家在兩代當家南部政康及安信父子的統治下，繼續努力向糠部郡南方擴張，以及強化新領地的支配。包括奪取了西南角的鹿角郡及南面的閉伊郡，並一併交由同族的一戶南部家管理；後來南部家再向鹿角南面的岩手郡（今·岩手縣雫石町、盛岡市）推進，配置家臣福士家擔任同郡的不來方城（今·岩手縣盛岡市）城將。

換言之，天文初年（一五三四至四五）南部安信死去之前，南部家的勢力已經遍及津輕地區以及閉伊、岩手、鹿角三郡，即今日的青森縣全土以及岩手縣北半部。經過南部政康及安信兩代的經營，南部家進入了安信之子·南部晴政的時代，南部家的發展將更上一層樓，但與此同時，伴隨著發展而來的危機也在晴政的時代陸續浮現。

國家圖書館出版品預行編目 (CIP) 資料

日本戰國織豐時代史 / 胡煒權著 . -- 初版 . -- 新北市
: 遠足文化 , 2018.07

ISBN 978-957-8630-46-8(上冊 : 平裝)
ISBN 978-957-8630-47-5(中冊 : 平裝)
ISBN 978-957-8630-48-2(下冊 : 平裝)
ISBN 978-957-8630-49-9(全套 : 平裝)

1. 戰國時代 2. 日本史

731.255　　107007984

大河 26

日本戰國・織豐時代史 ㊤

作者——胡煒權
執行長——陳蕙慧
總編輯——李進文
行銷總監——陳雅雯
資深通路行銷——張元慧
編輯——陳柔君、徐昉驊、林蔚儒
校對——唐志偉、陳家倫、鄭衵威
封面設計——倪旻鋒
排版——簡單瑛設

社長——郭重興
發行人兼
出版總監——曾大福
出版者——遠足文化事業股份有限公司
地址——231 新北市新店區民權路 108-2 號 9 樓
電話——(02)2218-1417
傳真——(02)2218-8057
電郵——service@bookrep.com.tw
郵撥帳號——19504465
客服專線——0800-221-029
部落格——http://777walkers.blogspot.com/
網址——http://www.bookrep.com.tw
法律顧問——華洋法律事務所 蘇文生律師
印製——呈靖彩藝有限公司

初版一刷 西元 2018 年 07 月
初版八刷 西元 2022 年 04 月
Printed in Taiwan